歴史と人間の再発見

上田正昭

藤原書店

歴史と人間の再発見

目次

I　平城京と平安京・京都

II　日本と朝鮮半島

III ふるさとと人権

IV わが師友㈠

歴史と人間の再発見

I

平城京と平安京・京都

平城遷都千三百年の意義

ならの都誕生

御民《みたみ》吾生けるしるしあり天地《あめつち》の栄ゆる時にあへらく思へば

『万葉集』の巻第六に収められているこの歌は、天平六（七三四）年の海犬養《あまのいぬかい》岡麻呂の詠で、天平の万葉官人の実感を反映する。それよりは少しばかり前、大宰少弐《しょうに》（二等官）であった小野老《おゆ》（後には一等官の大弐《だいに》になる）は、

あをによし寧楽《なら》の都は咲く花の薫《にお》ふが如く今盛りなり

と平城京を賛歌した。ともに聖武天皇の代の歌詠であった。

武蔵国（埼玉県）の秩父から和銅が奉献されたのにちなんで慶雲は和銅と改元され、同元（七〇八）年の二月十五日には、四神相応、三山（東の春日・北の奈良・西の生駒《いこま》の山々）鎮《しずめ》の地とする平城遷都の詔

があった。準備とととのって、和銅三（七一〇）年の三月十日、都は藤原京から平城京へと遷った。

藤原不比等をはじめとする政界のリーダーたちは、天武・持統朝に花開いた日本文化の息吹を発展的に継承して、新京の都づくりにつとめた。その平城遷都の年から数えて、明年が記念すべき千三百年となる。

花開く天平

平城京の歴史と文化を端的に象徴するのが、天平勝宝四（七五二）年四月九日の東大寺毘盧遮那《びるしゃな》大仏の開眼供養の盛儀である。『続日本紀《しょくにほんぎ》』は、「なすところの奇偉、あげて記すべからず。仏法東に帰《いた》りてより、斎会《さいえ》の儀、かつてかくの如《ごと》く盛《さかん》なることあらざるなり」と明記する。

文武百官が集い、参加した僧尼は『東大寺要録』によれば九七九九人を数える。開眼の筆はインド僧菩提僊那《ぼだいせんな》が執り、唐僧道璿《どうせん》・林邑《りんゆう》（ベトナム）の僧仏哲らも加わっていた。

「雅楽寮と諸寺との種々の音楽」（『続日本紀』）は、具体的には久米舞・楯伏《たてふし》舞・唐散楽・唐中楽・唐胡《こ》楽《がく》・高麗楽《こまがく》・度羅楽・大御舞・女漢人《あや》躍歌・林邑楽・唐女舞・高麗女楽など（『東大寺要録』）であった。日本の伝統的な歌舞ばかりではない。アジアの楽舞を八世紀はじめの日本で集大成したのが雅楽であった。「シルクロードの終点」ともいわれる正倉院の貴重な宝物、そしていまにつづく雅楽は、日本の生ける正倉院といってよい。

激動が生んだ独自文化

奈良時代といえば、遣唐使ばかりが注目されやすいが、唐の文化はもとよりのこと、新羅や渤海《ぼっかい》などの文化も天平文化をいろどった。ナショナルで、しかもインターナショナルな日本文化の結実が、平城京の文化であった。奈良時代七代約七十年の首都平城京は、元明・元正・孝謙・称徳（重祚）の女帝三人四代を中心とする「女帝の世紀」であったが、神亀六（七二九）年二月の長屋王の政変をはじめ、藤原広嗣の乱（七四〇年）・橘奈良麻呂の変（七五七年）・藤原仲麻呂の乱（七六四年）・道鏡追放（七七〇年）など、天平の内実は「非天平」であった。

奈良時代を「天王貴平」の代と幻想するわけにはいかない。天平の栄華の背後には、激動の潮流が渦まいていた。その故にこそ天平のエネルギーが、日本の美を結晶させたのである。

平城遷都千三百年は、日本文化の原点を見直す絶好の機会である。東アジアの世界に連動しながら、インターナショナルでしかもナショナルな独自の文化を構築したのが奈良時代であった。

正倉院展の軌跡

文武天皇の元年（六九七年）から桓武天皇の延暦十（七九一）年までの時代を扱った、勅撰《ちょくせん》の史書『続日本紀《しょくにほんぎ》』の天平勝宝四（七五二）年四月九日の条には、東大寺大仏開眼供養会のありさまを「なすところの奇偉、あげて記すべからず。仏法東に帰《いた》りてより、斎会《さいえ》の儀、かつてかくの如《ごと》く盛《さかん》なることあらざるなり」（そのすばらしさは、いちいち書きつくせない。仏法が東方に伝わって以来、いまだかつてこれほど盛大なものはなかった）と明記している。そしてその内容は、東大寺の縁起などを記録した『東大寺要録』に詳述する。

その東大寺の正倉院のなかで残った正倉のひとつが現在のいわゆる正倉院であって、北倉・中倉・南倉に分かれている。聖武天皇の代を中心とする奈良時代の宝物のほか、ササン朝ペルシャ・唐・統一新羅など、アジアの各地から伝えられた貴重な遺宝は、約九千件におよぶ。

戦後間もない昭和二十一（一九四六）年、地元奈良の人々を中心とする要望によって、第一回の正倉院展が開催された。敗戦にうちのめされている多くの日本人に勇気と希望を呼びさました、民主主義日本の夜明けをつげる快挙であった。折口信夫先生（釈迢空《しゃくちょうくう》）に師事していた國學院大學専門部三回生のおりである。幸いに初めての正倉院展におもむいて、光明皇太后臨書の『楽毅論《がっきろん》』書写奥書の力強い「藤三娘《とうさんろう》」の文字が眼《め》に焼きついた。私がイメージしていた光明皇太后像とは異なる書風であった。翌年京都帝国大学文学部へ進学して、本気で古代史を学ぶようになるひとつの出会いであった。

二〇〇八年はその六十回、正倉院展節目の展観となっている。第一回にも展示されていた古代イランのあざやかで見事なカットグラス「白瑠璃碗《はくるりのわん》」と再びめぐりあえた。正倉院はシルクロードの終点といわれているが、ササン朝ペルシャから中国へ、中国から日本へと伝来した文物渡来のコースを象徴する逸品である。

前述の大仏開眼供養会の記事のなかで『続日本紀』は「雅楽寮および諸寺の音楽ならびにことごとく来集」と述べ、種々の「歌舞あり、東西より声を発し、庭を分けて奏す」と記す。治部省《じぶしょう》所属の雅楽寮のみならず、南都の大寺などの楽人も加わっての雅楽の一大イベントの供養会でもあった。

大宝元（七〇一）年に成立した「大宝令」にすでに雅楽寮の規定がみえている。日本の伝統的な歌舞ばかりでなく、高句麗・百済・新羅の三国楽、中国の唐楽などの楽師・楽器、伎楽《ぎがく》師、腰鼓《くれつづみの》師などで構成されていたことがわかる。これに人数を書いていない楽戸《がくこ》を加えると、その職員数は中務省ほか八省のなかで、雅楽寮がもっとも多い。東大寺では中国東北部の東部から沿海州にかけての渤海の楽やベトナムの林邑楽《りんゆう》なども演奏されているが、八世紀のはじめには日本で集大成されていた雅楽は、現在の日本で今も生き続いている。

昭和四十八（一九七三）年の六月二日から約一ヶ月、イタリア・フランス・ベルギー・スペインの各国で、平安雅楽会を中心とする雅楽のヨーロッパ公演があった。はからずもその団長を務めたが、パリのユネスコ本部ほかの講演で、雅楽は「生ける正倉院」であると解説した。

東洋学に関心のある人々の多くは正倉院は知っている。それが今に生きているのが雅楽である。正倉院の宝物には、新羅ものといわれる朝鮮半島ゆかりの文物もある。このたびの出品にも、佐波理鋺《さはりのわん》や佐波理匙《さじ》がある。楽器としても「刻彫尺八《こくちようのしやくはち》」を見ることができる。正倉院展はアジアのなかの日本文化を再発見する機会といってよい。

なお平成二十一（二〇〇九）年の七月、平城京跡の一角にある西大寺旧境内からイスラム陶器の破片十九点の出土が発表されたが、神護景雲二（七六八）年の木簡と共にみつかっており、八世紀後半にはイスラム陶器がもたらされていたことが明らかとなった。東大寺正倉院はシルクロードの終点を象徴するといわれてきたが、西大寺もまた海を媒介としてシルクロードにつながる。

日本のなかの東近江

八日市（滋賀県・現在は東近江市）とはたいへん深いゆかりがありまして、郷土文化研究会の講演会にも度々来させていただきましたし、とりわけ武村正義市長（のちのさきがけの党首・大蔵大臣）さんのおり、市民大学の学長としての関わり合いをもち、また、『八日市市史』の編纂には委員長に就任して多くの皆さんのご協力を得ながら、他市と比べても、遜色のない立派な市史全六巻が出来あがりました。

そういう関わりもありましての出講です。この度、一市六町の皆さんが一緒になって東近江市という新しい町づくりをされる。これと関連して地元での歴史や文化を研究されている皆さんが一堂に集まり会合を持たれるこの機会に、なにか講演をしてほしいと出目会長から要請がありましたので参上しました。

本日は「日本のなかの東近江」というテーマで、日本の歴史の中において、とりわけこの東近江がどのような意義をもっていたかということを中心に、日頃考えております一端を申しあげたいと思います。

近江の国の三関

律令体制発足の時に、政府は全国を六十八ヶ国に分けそれらの国々を四つにランク分けした。大国、上国、中国、下国の四ランクであった。大国は十三ヶ国あった。その中の五つは、いわゆる近畿の地域にあり、近江は大国であった。山城は上国、摂津も上国で大国ではない。大和、河内、伊勢、播磨は大国であった。

これをもってしてもいかに近江が重要な国であったかが分かる。藤原鎌足の息子が不比等《ふひと》、そのまた息子が武智麻呂《むちまろ》、更にその息子の仲麻呂《なかまろ》が、天平宝字四（七六〇）年に延慶上人に依頼して先祖の伝記（下巻）をつくった。家伝の上巻は「鎌足」、中巻は「不比等」、下巻は「武智麻呂」の伝記であるが、中巻の「不比等」伝は未だ見つかっていない。

その武智麻呂伝を読むと、武智麻呂は近江守（近江国の長官）になった時、次のような言葉を残している。「近江の国は、宇宙有名の地なり。地は広く、人は衆《おお》く、国は富み、家そなはる……」と、古代の近江をたたえている。その子仲麻呂も近江を領していた。実に近江の国は律令体制の大国であり、『延喜式』に記載されている、いわゆる式内社（全国二八〇〇余社）の一番多いのは大和であり、伊勢、出雲と次ぎ、四番目に近江が続く（山城は六番目）。寺に於いても延暦寺、園城寺《おんじょうじ》等の名刹があって、近江の歴史と文化は特筆に値する。

古代の名高い関所では、近江の周囲に三関《さんげん》がある。愛発《あらち》、不破《ふわ》、鈴鹿《すずか》、これを三関と称するが、これらはすべて近江の周辺をとりまいている。この三関がいつごろ置かれたか、六七二年壬申の乱の時に、不破の関や鈴鹿の関司が見えるところから推して考えると、天智天皇が大津に都を遷された頃ではないかと考えられる。なぜ大和でなく、近江の周辺にこれらの三関が置かれたか、これもまたいかに近江が重要な地理的位置を占めていたかということを物語る。

以後、三関より東を関東、西を関西（九州を除く）という。ちなみに「近畿」という名称は、明治二十八年の頃から使われた新しい名称である。天平十二（七四〇）年に「関東」の文字が『続日本紀』に見える。関西という文字はそれよりもずっと遅れる。私の調べた限りでは『吾妻鏡』の治承四（一一八〇）年にはじめて「関西」の用語が出てくる。また、貞永元（一二三二）年の鎌倉幕府の法令の中に、「西国」という文字があらわれてくる。これらは三関が東・西の地理的区分の基準になっていたことを物語る。

平安時代末の頃から、観音菩薩は三十三態に姿を変えて衆生を救ってくれるという信仰が拡まり、そこから西国三十三ヶ所霊場の信仰が生まれてきた。第一霊場は紀州の那智山青岸渡寺《せいがんとじ》、第二十七番は播州播磨の書写山円教寺《えんぎょうじ》、第三十番は近江の竹生島《ちくぶ》宝厳寺《ほうごんじ》、第三十一番は近江の長命寺、第三十二番は近江の観音正寺《かんのんしょうじ》、そして最後の第三十三番は美濃の谷汲山華厳寺《たにぐみさんけごんじ》。この西国三十三ヶ所は東国の視点から時計廻りに西国の中に配置されている。

関東、関西といい、東国、西国、という区分の接点に近い近江が位置する。近江という国が日本全体にとって、いかに重要な位置にあったかということを示唆している。

近江の国際性

東近江は古くから国際性を保有していた。

『古事記』では応神天皇の頃（五世紀）新羅の王子とするアメノヒボコ（天之日矛または天日槍）が渡来したと伝える。『古事記』・『日本書紀』・『風土記』などにその伝承がみえるが、『古語拾遺』がアメノヒボコのアメに「海」をあてているのは興味深い。そして『日本書紀』の垂仁天皇三年の別伝（『一に云はく』）では、その従者に陶器《すえき》の焼物の技術者（陶人）が列《つら》なっているのが注目される。これは天之日矛に象徴される渡来集団が大陸の文物・文化をたずさえて日本に渡来してきたことを想像させる。そのルートは瀬戸内海を通って、宇治を経、東近江を通って若狭に抜け、但馬の出石に到る。こうした伝承にも東近江は古来から、中国大陸や朝鮮半島からの文化文物の渡来ルートにあたっていたと推察される。

「日本海」という呼称が史料に初めて現れるのはイタリアの宣教師マテオ・リッチが世界地図を作成した『坤輿《こんよ》万国全図』、その地図にはじめて「日本海」と記されている（一六〇二年）のが初見である。日本では山村才助という蘭学者が享和二（一八〇二）年『訂正増訳采覧異言』の中の地図に「日本海」

と明記している。

東近江は古代から国際間の交流がさかんで、中国大陸や朝鮮半島から多くの文物や人びとの渡来があったと考えられる。

『日本書紀』に、六六九年百済の男女七二〇人あまりを近江国蒲生郡に移すと記されている。蒲生野にある石塔寺の石塔（百済様式）は白鳳時代（七世紀後半）に建立されたと推定される。湖東三山のひとつである百済寺は寺伝によれば推古十五（六〇七）年に造営されたという。そのほか、著名な渡来系の人びとを挙げれば、鬼室《きしつ》集斯《しゅうし》ほか朴市秦造田来津《えちはたのみやつこたくつ》、小野妹子《いもこ》（近江小野の氏族）、推古十五年聖徳太子の命令により遣隋使として渡海。犬上御田鍬《いぬがみのみたすき》も舒明二（六三〇）年に第一回遣唐使代表者として選ばれ、斉明天皇二（六五六）年には犬上白麻呂が高句麗使の有力メンバーになっている。以上のように近江ゆかりの人びとが、いかに歴史上国際的に活躍していたかがわかる。

自治の伝統

古代の人々は、カミは聖なる山とか、森とか、聖なる樹木や岩などに宿ると信じてあがめてきた。神社の社の字はモリとも読み、『万葉集』では、社の字にモリというヤマトコトバをあてている。たとえば〝木綿《ゆふ》かけて斎《いわ》ふこの社《もり》越えぬべく〟とか、〝山科《やましな》の岩田《いわた》の社《もり》に幣《ぬさ》置かば〟の歌をみてもわかる。

聖なる岩は「イワクラ」であり、樹木は「ヒモロギ」、山は「カムナビ」と称し、それぞれに神が降臨すると信仰してきた。

たとえば、奈良県桜井市の大神《おおみわ》神社は三輪の山（四六七メートル）そのものが神体山であり、従って今も本殿はなく拝殿のみがある。坂本の日吉《ひえ》大社の東本宮裏には牛尾山という山があり、これが神体山であった。

八日市には中世の「惣」の掟《おきて》に関する今堀日吉神社文書があって、これは中世の「惣村制」に関する貴重な史料となっている。村の掟は鎮守の森に村びと一同が寄合って（すなわち神の前で）村の掟をつくり、皆でこの掟を守ることを誓っていた。

村の掟は鎮守の森、すなわち神の森の中で定め、「一味同心」、「一味神水」といった寄合の実情が今堀日吉神社文書にも反映されている。

また、今堀日吉神社文書の中に、保内《ほない》商人のことが出てくる。保内商人とは今の東近江地域にかかわる地域の商人であり、この保内商人には自治の伝統があった。いうまでもなく保内商人は後世の近江商人の先駆者であり、近江商人は中世から興《おこ》り、近世つまり江戸時代に大活躍し、さらに明治、大正、昭和と現代にまで及ぶ長い歴史を有して、日本国内の物資流通の担い手となった。

地域史の構築

私はかねがね「地方」とか「地方史」という言葉はよくないと思ってきた。明治以降の「地方」という用語は、中央を前提とする「中央史観」の産物である。それぞれの地域に根ざした「地域史」「地域学」を構築すべきである。

イタリアの著名な歴史哲学者クローチェ（B. Croce）は、「文書、記録は死んだ歴史である。歴史は常に生きた歴史でなければならない」と述べている（『歴史叙述の理論及び歴史』）。過去を研究して現代に生かし、さらに未来を展望してゆくことこそが歴史を学ぶ意義である。歴史を学ぶ者は、常に「現在」の立場に立って絶えず過去、現代、そして未来へと、比較の視座から究明することが必要である。

現在から過去を見る。そして、その過去をいかに未来を展望して生かすか。これが歴史を学ぶ者にとって肝要である。

ご当地の皆さんも志を同じうして歴史を研究し、過去に学んで現在を見つめ、更に未来に眼を向けて前進していただきたい。

平安京・京都そしてカモ

わたくしども歴史学を学んでおります者は、まず文書あるいは記録の類によって、史実を考えてみきわめます。そこで、「平安京」という名前がいつごろ、どのようにしてついたのかを、まず考えてみたいと思います。ここでは普通名詞としての「京都」、つまり京師《みやこ》をいうのではなくて、都市名としての「京都」が史料に出てくるのは、いったいいつごろなのかという問題の検討からはじめます。そして京都には賀茂御祖《かものみおや》神社すなわち下鴨神社、そして賀茂別雷《かものわけいかづち》神社すなわち上賀茂神社が鎮座します。このカモの社とカモ氏のカモの由来を考え、そしてさらにカモにはどのような意味があったのか。以上の三つの問題を中心として、与えられた時間が来るまで、お話をしたいと思います。今後の研究に多少とも寄与することができれば幸いです。

平安ではなかった平安京

まず最初に、「平安京」についてですが、ご承知のように、延暦十三（七九四）年の十月二十二日に、桓武天皇は長岡京から平安京に遷幸する。この遷幸が前提で、十月二十八日に遷都の詔、ついで翌月十一月八日に遷都にかんする詔が出されています。六国史といわれる史書のうち、『続日本紀』は文武天皇の元年から延暦十年までを記録していて、それに続くのは『日本後紀』ですが、現伝の『日本後紀』では延暦十一年から十四年までは散逸し、延暦十五年からはじまっていますから、肝心の平安京遷都については、現在残っている六国史では確実な記録がないことになります。したがって、他の史料に頼るしかないわけですが、幸いに『日本紀略』には延暦十三年十一月八日の遷都の詔が、全文ではありませんが、部分的に残されています。

「此の国、山河襟帯、自然に城を作す。この形勝によりて新号を制すべし。よろしく山背国を改めて山城国となすべし。また子来の民（喜んで集まってくる人民）、謳歌の輩、異口同辞し、号して平安京といふ、又近江国滋賀郡の古津は先帝の旧都、今輦下に接す。昔号を追て、大津と改称すべし」と。

この遷都にかんする詔には注目すべき点が三つあります。まず第一点は、山背国を山城国と改めたこと。ご存じのように、藤原京、平城京、そして長岡京へと都は遷っているわけですが、国名まで改めるという例はなかった。今回は山背国の葛野郷に都を遷すのにともなって、国名を改めるというのですが、この点は改めて注目するにあたいする。和銅五（七一二）年の正月二十八日に「献上」された『古事記』では「山代」という文字を用い、養老四（七二〇）年の五月二十一日までに「奏上」された『日本書紀』はすべて「山背」と表記していますが、それを「山城」に改めることにした。現在、山城高校というのがあり、山城町などという場合、「城」の漢字を用いていますが、この用字は延暦十三年の詔によって決まったことになります。

この詔で注目すべき第二の点は、「平安京」という名が、遷都とともに決められたことです。たとえば、それまで、元明天皇が詔勅の中で新しい都を「平城京」と決定するとか、桓武天皇がみずから宣言して「長岡京」とするとかとされた例があったわけではありません。しかし「平安京」という名は遷都の詔の中にはっきりと謳われていることになります。

そして、さらに注目される第三の点は、この点はあまり注意されていませんが、「近江国滋賀郡の古津は先帝の旧都」と明記されていること。これはたいへん重要な点だと思います。つまり、桓武天皇は天武天皇系ではなく、天智天皇系です。天智天皇の子の施基《しき》（志貴）皇子、その子の白壁王すなわち光仁天皇、そして桓武天皇と続く。光仁天皇と高野新笠との間に生れたのが山部親王すなわち桓武天皇であって、天智天皇からいえば曾孫にあたります。光仁天皇以前は、すべて天武系だったのが、その系統が絶えて、光仁天皇から天智天皇系に変わったわけです。平安京の遷都にかんする詔に、わざわざ先帝の旧都で古津と現在はいわれているものを大津という昔の名にもどすべきだといっている。平安京への遷都では大津の存在が強く意識されていて、大津は平安京の「外港」と位置づけられていたといってよいかと思います。

「平安京」という名称が、そのスタートの時点から、都の名前としてはっきりと歴史に登場しているのだということを、まず申し上げておきたいと思います。そして、その平安京は大津を強く意識したものであったことも付け加えておきたいのです。もちろん、平安京への遷都については、蝦夷の征討であるとか、東海道や東山道や北陸道へのつながりとか、長岡京での藤原種継の暗殺事件や洪水の問題、さまざまな理由が考えられますが、遷都の詔の中には大津の存在が明記されていたことは忘れてはならない点です。

それなら、その「平安京」の「平安」ということばの由来はどこにあるのか。それについては、菅原道真公が編纂しました『類聚国史』に記事があって、延暦十四（七九五）年の正月に宮廷で踏歌があって、そこで侍臣たちがこぞって、「新年楽、平安楽土、万年春」というふうに囃し立てたことが載っています。「平安京」ということばには、「不朽」・「無窮」で、春のように穏やかで楽しみに満ちた平安楽土への願いがこめられていたといってよいかと思います。

この「平安京」と命名された都ですが、いつまで続くのか。慶応四（一八六八）年九月八日、慶応は明治と改元されて、十月十三日には江戸城は改称されて東京城となり皇居とされます。そして翌明治二年の二月、京都にありました太政官がことごとく東京に移っていきます。明治天皇による東京遷都の詔もないまま、事実上、東京が日本の首都になりました。わが国の歴史の中で、遷都の詔がなくて、事実上の都が成立した例は、たいへんめずらしいことであって、その意味では、東京というのは非合法の首都であるといえるかもしれません。

こうして、京都から東京へと都が遷りますが、延暦十三（七九四）年から慶応四（一八六八）年までの一〇七四年の間、京都はわが国の首都でありました。しかし、平安京遷都とともにその名にこめられた「平安楽土」の願いは空しく、その内実は、平安の都というのには程遠い史脈をたどります。応仁・文明の大乱や元治元（一八六四）年の禁門の変ばかりではない。安元三（一一七七）年や天明八（一七八八）年の大火をはじめ、疾病の流行や飢饉にもたびたび見舞われています。平安京の内実は「非平安の都」であったともいえましょう。

京都の誕生

それでは、「京師（けいし・みやこ）」という普通名詞の「京都」ではなく、「京都」という都市名はいったいいつごろから使われるようになったのか。この点について最初に指摘されたのは、亡くなられた林屋辰三郎博士です。中御門《なかみかど》右大臣藤原宗忠の日記である『中右記』の承徳二（一〇九八）年三月二十一日の条に、「今日、聖人慈応、年来書写し聚むる所の一切経の一部を金峯山に送る。件の聖人、京都の男女を勧めて、先づ一切経を書写せしめ」と記載されています。さらには、「仍、京都の人々、市を成して結縁す」ともある。ここにまぎれもなく、都市名としての「京都」が出てきます。承徳二年というのは一〇九八年のことですから、十一世紀の終わりに、史料的には「京都」という都市名が出てくるといえるのではないかというのが林屋博士の考えで、わたくしも長い間、それに賛同してきたのですが、実はそれよりも早く都市名としての「京都」が使われている例があるのではないか。

それは、「尾張国郡司百姓等の解《げ》」で、尾張の国守であった藤原元命《もとなが》の乱行、悪政を訴えた有名な文書です。その条々の中に、「裁断セラレンコトヲ請フ、旧例ニ非ザル、国ノ雑色人並ビニ部内ノ人民等ニ夫駄ヲ差シ負セテ、京都・朝妻両所ニ雑物等ヲ運送セシムル事」という条があります。これは永延二（九八八）年十一月八日ですから、十世紀の後半に朝妻という地名と対《つい》で「京都・朝妻両所」と表記されています。

これが今のところもっとも早い注目すべき例ですが、しかし、「京都」という都市名が一般化するのは、やはり十一世紀の終わりから十二世紀の初め、いわゆる院政の時期であったといってよいかと思います。そして「京・白河」というように、白河という地名と並んで京都という地名が使われるようになります。古代から中世に移り変わる、王朝貴族の政治体制から武家の政権へと大きく転換する、まさにその変革期に、「平安京」という名称は史料から姿を消していって、「京」あるいは「京都」という都市名で歴史に登場してくることになる。「平安京」から「京都」へと姿を変えて、発展していったといってよいと思います。

「平安京」は、ご存じのように、左京と右京とから成り立っていました。平安時代の漢詩文集の『本朝文粋』を読みますと、平安京を「長安」と呼んでいる例が二一例あります。それに対して「洛陽」と呼んでいるのはわずかに四例です。京都の代名詞としては、圧倒的に「長安」が使われていたことがわかります。しかし、それが後にはしだいに「洛陽」へと変わっていくわけです。もともと平安京というのは中国の陝西《せんせい》省の西安、つまり唐の都であった長安をモデルにして造られたというのが通説ですが、実は長安ばかりではなく、洛陽も平安京造営の上での参考になったことは事実です。平安京の坊名を調べてみますと、洛陽にちなんだ坊名が、たとえば陶化坊、銅駝《どうだ》坊など八例あります。長安にちなむ坊名は、崇仁坊、永昌坊など五例であって、坊名の数からいえば、平安京の坊名は長安よりも洛陽にちなむものの方が多いといえます。

そして、十世紀には、左京は「洛陽」、右京は「長安」と呼ばれていました。それが、右京が衰退して、左京が発展していくようになって、左京の代名詞であった「洛陽」が京都を表すようになったわけです。有名な「洛中洛外図」の屛風にしましても、京都を「洛陽」ということから由来する表現ですし、また京都に来ることを「上洛」とか「入洛」というのも、そこから生まれた表現ということになります。

この左京／右京という対の両京のよび名も鎌倉時代には消えて、京都は上下に分かれて、上京／下京から成り立つようになりました。その早い例としては、あまり注目されていませんが、『思円上人一期形像記』の建治元（一二七五）年の条に、「上下町中」というふうに、京都を上と下に分けてとらえる表記が出てきます。応仁・文明の乱のころも上京／下京で、それは近代まで続き、明治二十二（一八八九）年に京都は市制を施行しますが、そのときも上京／下京からスタートしています。ご存知のように、京都は全国に先駆けて、明治二（一八六九）年という早い時期に、番組小学校六四校を上京・下京に創設しました。これは実に画期的なことで、京都の町の中に六四の小学校を設置したわけです。百年後の未来を展望した先人たちの英知に対して敬意を表さなくてはならないし、京都市民はその史実を誇りにしてよいと思います。

しかし、町組みは上京三三番組、下京三三番組のはずですから、本来なら、番組小学校は六六校でなければ、数が合わないわけですが、このことについては、つぎのような事情がありました。下京はもともと三二番組だった。ところが、下京の二四番組が組みなおされて、一番増えた。ですから、下京は三二番組から三三番組に増えたということになります。ただ、学校に関していえば、上京では二八番と二九番とが協力して一つの学校を作った。これが京極小学校です。そして、下京では二二番と三二番とがいっしょに学校を作りました。淳風小学校がそれです。ですから、六六番まで町組はあるのですが、明治二年、六四校ということで京都の小学校の教育がスタートすることになりました。

こうして上京／下京を受け継いで京都市制は始まります。左京区ができたのは、実はたいへんに新しいのです。昭和四（一九二九）年に中京区、東山区とともに出来まして、昭和六（一九三一）年に右京区が新たにできることになります。このように見てまいりますと、わが京都の歴史は、「平安京」の昔は左京／右京で成り立っていたけれども、それが鎌倉時代以降、上京／下京という形態のいわゆる双子都市として発展し、左京が左京区として復活したのは、昭和四年であり、右京が右京区として復活したのは、昭和六年でした。

表① 「カモ」を冠する神社　（『延喜式』神名帳）

国	郡	神社名
山城	愛宕	賀茂別雷神社
	〃	賀茂御祖神社
	〃	賀茂山口神社
	〃	賀茂波爾神社
	相楽	岡田鴨神社
大和	葛城	鴨都味波八重事代主命神社
		鴨山口神社
		高鴨阿治須岐詫彦根命神社
河内	高安	鴨神社
	澁川	鴨高田神社
和泉	大島	鴨神社
摂津	住吉	鴨神社
伊勢	員辨	鴨神社
常陸	新治	鴨大神御子神玉神社
美濃	安八	加毛神社
備前	赤坂	鴨神社
	児嶋	鴨神社
讃岐	阿野	鴨神社

カモ氏・カモの神

さらに「カモ」についてですが、これはたいへん難しい問題です。地名としての「カモ」の由来、「カモ」社の由来、そして「カモ」を名のる氏族について、明快にこうだと断定することは、はなはだ難しい。『延喜式』神名帳に出てくる「カモ」を冠する神社の用字には「賀茂」もあれば、「鴨」もありますし、美濃国のように、「加毛」という例もあります（表①）。それから、『和名類聚抄』に出てくる郡名あるいは郷名で「カモ」とある用字はすべて「賀茂」で統一していて、他の字は用いられていません（表②）。そして、木簡に記されている「カモ」の地名を調べてみますと（表③）、飛鳥宮、藤原京から出土したものはすべて「鴨」という字を使っていることは注目していいと思います。時代的にはその後になる『古事記』・『日本書紀』をはじめいろいろな表記がなされていて、統一がありませ

表② 「カモ」の出てくる郡名・郷名　（『和名類聚抄』）

国	郡	郷
参河	賀茂	賀茂
	宝飯	賀茂
	設楽	賀茂
伊豆	賀茂	
安房	長狭	賀茂
美濃	賀茂（賀茂駅）	
越前	丹生	賀茂
佐渡	賀茂	賀茂
丹波	氷上	賀茂
出雲	能美	賀茂
隠岐	周吉	賀茂
播磨	賀茂	
美作	勝田	賀茂
	苫東	賀茂
	久米	賀茂
備前	津高	賀茂
	児嶋	賀茂
安芸	賀茂	賀茂
	山縣	賀茂
紀伊	伊都	賀茂
淡路	津名	賀茂
阿波	名東	賀茂
伊豫	新居	賀茂

ん。

これらの神社名や土地の名を地図の上に改めて転記すると（分布図）、東北の地域にはなく、関東では、常陸に一例、安房に一例、そして西へ伊豆に一例で非常に少ない。多くなるのは、三河、越前あたり、つまり愛知県、福井県から以西になります。しかし、九州には一例もありません。西のラインはというと、四国の伊予から、安芸、出雲、そして隠岐というライン以東に集中しています。分布の中心は近畿およびその周辺の国といっていいかと思います。

「カモ」ということばの由来については、従来、三つの有力な説がありました。一つは、もう亡くなられましたが、東京大学の教授であった井上光貞さんの『日本古代国家の研究』という本の中に「カモ県主の研究」という、たいへん秀逸な論文が収められていて、「カモ」は「カミ」（神）から来ているという説が述べられています。それから、「カモ」は鳥の鴨だという説があります。そして、国文学の方では、井出至さんが「カモ」は「神尾」あるいは「神於」で、怖るべき神の境界を意味するという説を立てておられます。

基本的には、「カミ」とかかわることばであると考えていますが、

表③　木簡の中の「カモ」

（木簡）

国	郡	郷（里）	出土地
参河	賀茂（加毛）		平
伊豆	賀茂（加毛）	賀茂	平
越前	丹生	賀茂	平
但馬	義父	賀母	平
隠岐	次（評）（周吉）	鴨（里）	藤
播磨	加毛		平
	（鴨）		平
美作	勝間田	鴨（里）	飛
	（勝田）	賀茂	長
備前	児嶋	賀茂	平
安芸	加毛	賀茂	平
淡路	津名	賀茂（里）	平
阿波	名方（名東）	賀茂	長

※「飛」は飛鳥宮跡、「藤」は藤原京跡、「平」は平城京跡、「長」は長岡京跡

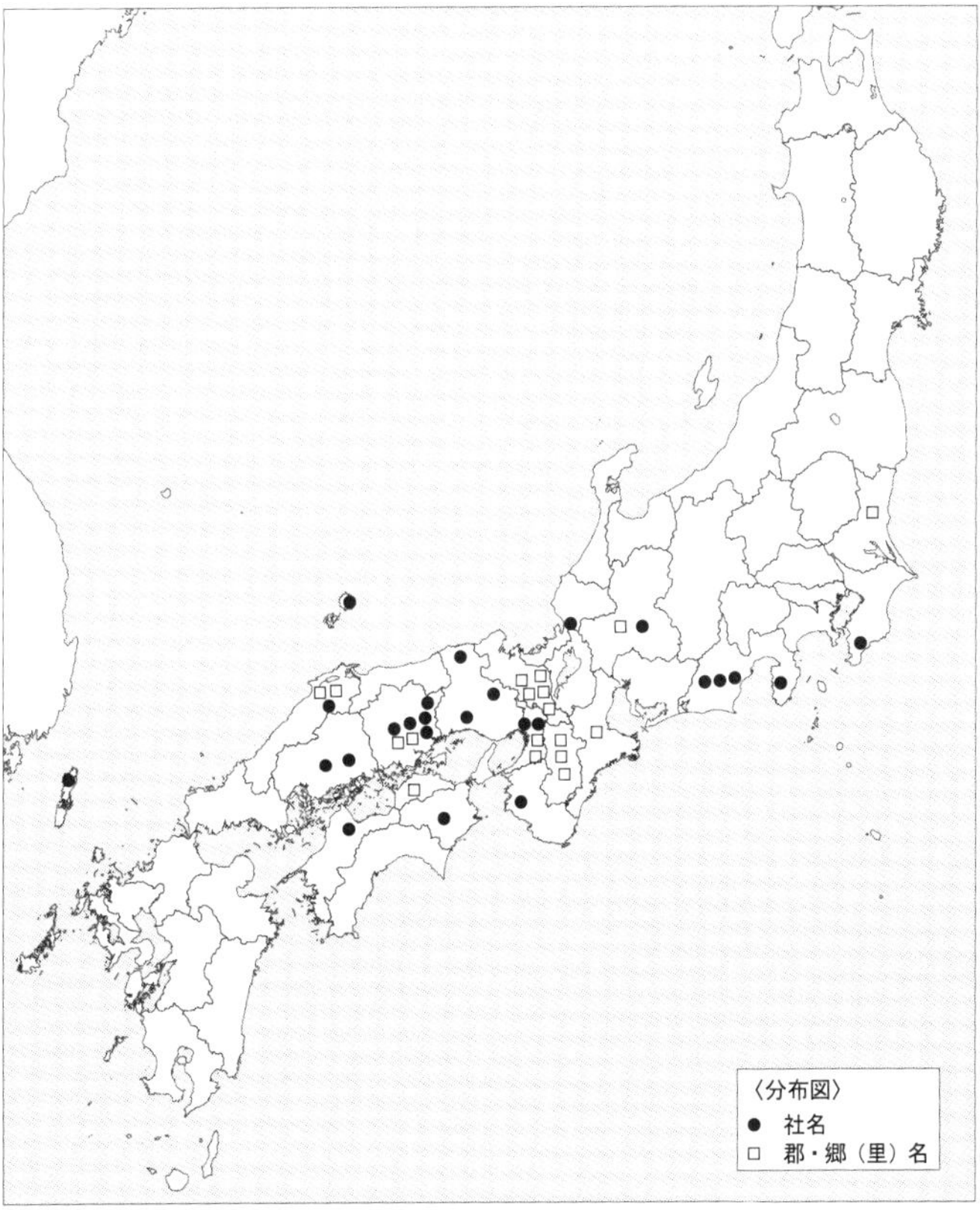

カミへの畏敬が秘められています。下鴨神社の社家の鴨脚《いちょう》家が所蔵する『新撰姓氏録』の逸文には、「鴨県主本系」として、「因りて葛野県を賜りて居れり」とあります。多くの説では葛野県主がカモの神に仕えてカモの県主になったとみなしていますが、そうではなくてカモ氏の一部が葛野に住んで葛野県主となるのではないかと推定されます。大和の葛城のカモも山城のカモも「カミ」(神)の意味であったと考えられます。しかし、日本全国にあるカモという地名がすべて「カミ」で説明ができるかというと、そう簡単ではありません。そこに地名研究の難しいところがあるように思います。一元的な解釈はできません。たとえば、岡山県に鴨方町というのがありましたが、これは鴨の棲む潟と解釈すべきです。岡山市の加茂はカワモ(河面)に由来します。このように、カモという地名がすべて「カミ」から来ているとは断言できません。

全国には多くの上賀茂・下鴨の「カミ」を勧請した神社があります。正確にいいますと、一一八六社、約一二〇〇のカモの神を祭る社があって、それらのほとんどは京都の上賀茂・下鴨の両社の神を勧請したものが多いのですが、だからといって、すべてがそうかといえば、そうではない場合もあります。たとえば、出雲の国に「賀茂神戸」があります。しかし、これについては、天平五(七三三)年二月にできた『出雲国風土記』の意宇郡加茂神戸の条に、「天の下造らしし大神の命の御子、阿遅須枳高日子命、葛城の賀茂の社に坐す。此の神の神戸なり。故、鴨といふ」とあります。つまり、この加茂は、大和の葛城の賀茂(鴨)の神の神戸であることからついた名だということになっています。この出雲の賀茂の場合は、葛城との関わりが深い。日本全国のカモの社がすべて京都の上賀茂・下鴨の分祀されたものとは限りません。

しかし、京都の上賀茂・下鴨の「カモ」、そして全国の「カモ」の社の語源の多くはカミ（神）であると考えていいのではないかと思います。

※カモ社とカモ氏についての私見は『下鴨神社と糺の森』（淡交社、二〇〇三年）で詳述したので参考にしていただければ幸いです。

『源氏物語』と平安京

紫式部は『源氏物語』の「螢《ほたる》」の巻で、「（物語は）神代より世にあることを、記しおきけるなり。日本紀などは、たゞかたそばぞかし、これらにこそ道々しくくはしき事はあらめ」と述べている。物語は神代以来のこの世に起こったことを書き残したもので、『日本紀』などの勅撰の史書は、そのごく一部分を記しているにすぎない。これらの物語にこそ、道理にかなう詳しいことが書かれているというのである。そして「後の世にも言い伝えさせまほしきふしぶし」を包み隠さず書きおいたのが、この物語であると語らせている。

虚構の中の真実――作者紫式部みずからの物語への評価がにじみ出ている。実際に紫式部は『伊勢物語』をはじめとする物語を読破し、とりわけ『竹取物語』や『蜻蛉《かげろう》日記』の影響もうけていた。

女房に『源氏物語』を読ませて聞いた一条天皇が「日本紀をこそ読みたるべけれ、まことに才あるべし」といい、また女官たちから「日本紀の局」と皮肉られた紫式部は『日本紀』（『日本書紀』）を筆頭とする「六国史」に精通していた。その上での「日本紀などは、たゞかたそばぞかし」の指摘であった。

紫式部の父の藤原為時も、王維《おうい》・李白・杜甫《とほ》などや白楽天（白居易）の詩を愛誦したが、紫式部もまた幼少のころから司馬遷の『史記』などの漢籍と親しみ、なかでも『白氏文集』を愛読していた。『源氏物語』の「乙女《おとめ》」の巻には、光源氏の子息夕霧の学問のありようをめぐって、「才を本としてこそ、大和魂の世に用ひらるる方も強ふ侍《はべ》らめ」と書いている。

ここにいう「才《ざえ》」とは漢才で、紫式部にとっての漢才とは、漢語・漢文学を指す。「大和魂」という表記の確実な初見は『源氏物語』であった。第二次世界大戦中の軍国主義精神の代名詞とは、おもむきを異にする。紫式部のいう大和魂は、日本人の教養の判断力を意味していた。「和魂漢才」の用語は、その後の菅原道真公ゆかりの『菅家遺誡』・『今昔物語集』・『大鏡』などにみえるが、私が『源氏物語』のこの文に感動して、「和魂漢才の道」という論文を発表したのは三十年ばかり前である。『源氏物語』じたいが「漢才」を本にした王朝文学の傑作であった。『源氏物語』が紫式部の生きた時代を背景にしていることは多言するまでもないが、桐壺・朱雀・冷泉の各帝は、実在の宇多・醍醐・朱雀をモデルにしたとみなす説がある。紫式部よりおよそ一世紀前の「延喜・天暦の治」の代を、式部の生きた時代に理想の世とした風潮があったこととあわせて注目にあたいする。

寛平六（八九四）年九月三十日の菅原道真の遣唐使停止の奏言によって、唐風文化から国風文化の時代に移っていったとする大方の見方がある。しかしそのような「鎖国史観」はあやまりである。道真は王朝の衰退と海賊の横行を理由にしたが、国家財政窮乏のおりの財政負担の軽減のほか、「商価」・「商賈人」と表現される日唐商人による民間貿易の盛行がその前提にあった。

したがって外交が廃止されたわけではなく、道真らは遣唐使中止後も遣唐使の役職を名乗り、実際にたとえば延喜八（九〇八）年・延喜十九（九一九）年には渤海使が来日している。ちなみに『源氏物語』の「桐壺」・「末摘花《すえつむはな》」・「梅枝《うめがえ》」の巻に渤海使や渤海からもたらされた黒貂の皮衣が登場するのも偶然ではない。

平安時代の十世紀から十一世紀のはじめは、東アジアの激動期であり、東アジア文明圏が大きく東アジア交易圏に変貌した時代であった。しかも大同五（八一〇）年の薬子《くすこ》の変から保元元（一一五六）年の保元の乱までは、死刑が執行されなかった時代でもあった。そのような時代を背景とする平安京を舞台に、『源氏物語』の人間模様が展開する。

急々如律令

歌舞伎とのであいは、小学校五年生のころである。母のお供をして、京都南座の吉例顔見世興行へでかけたのが、そのはじまりであったと思う。昭和十九年の春、國學院大學に入学してほどない季節に、姉にさそわれて新橋演舞場におもむいたことがあった。観劇の最中、にわかに寒気をおぼえていたたまれなくなり、途中退席して、寄宿先で熱を計ると、三十九度をこえる発熱で、しばらく寝こんでしまったことを想いおこす。京都大学在学中も、おりおりに南座で歌舞伎をかいまみた。鴨沂《おうき》高校・京都大学在職中も、顔見世興行にはわりあいに多くでかけている。実母の存命中は、顔見世の観劇が、わが家の年中行事のひとつになっていた。

中学生時代から『勧進帳』が好きで、名優の演技に接する機会が多かった。長唄連中・囃子方のあのリズム、無駄のない芝居のテンポと名せりふの連続に、思わず胸をおどらせたものである。前進座の『勧進帳』もたびたび観賞させてもらった。富樫左衛門と武蔵坊辨慶のいわゆる山伏問答のせりふは、好きなせりふのひとつである。

富樫左衛門の「そもそも九字の真言とは、如何なる義にや、事のついでに問ひ申さん。ささ、何と何と」。気迫のこもった富樫の問いに答える辨慶のせりふがみごとである。

「九字の大事は深秘にして、語り難きことなれども、疑念を晴らさんその為に、説き聞かせ申すべし。それ九字の真言といっぱ、所謂、臨兵闘者皆陳列在前の九字なり。まさに切らんとする時は、正しく立って歯を叩くこと三十六度、まづ右の大指を以て四縦を描き、後に五横を書く、その時急々如律令と呪する時は、あらゆる五陰鬼、煩悩気、まった悪霊外道死霊生霊、たちどころに亡ぶる事、霜に煮湯を注ぐがごとく……」

延々とつづく問答のなかに、珠玉のせりふがきらめく。

一九七〇年のころから、古代日本の歴史と文化に、中国で発展し朝鮮半島などにも波及した、道教の信仰が流伝していたことを気づくようになって、古代の日本には道教が存在しないとする通説を批判する論著を公にしてきたが、実はこの山伏問答のなかにも道教の呪言が入っていることを改めて確認した時は嬉しかった。「その時急々如律令《きゅうきゅうにょりつりょう》と呪する時は」と語る、「急々如律令」がそれである。

陰陽道や修験道の呪言としても用いられるようになるが、その源流は道教の呪言にあって、「急々たること律令の如し」は、中国の魏・晋代の道教呪符の呪言にもみえている。権力の令言である「如律令」を道教にとりこんで、「律令」を捷鬼を意味して用いられたものであった。静岡県の伊場遺跡や宮城県の多賀城跡の発掘調査によって、「急々如律令」の木簡が出土し、奈良時代にもこの呪言が使用されていたことが判明した。

私の知っている歌舞伎のなかでは、『女殺油地獄』に「行者の法力盡くべきかと鈴錫杖をちりりがらがら、急々如律令と責めかくる」がある。『女殺油地獄』も二度ばかり観劇したが、「五月五日の一夜さを女の家といふぞかし」の文句も意味深い。端午の節句で男は外出し、女ばかりが留守居するのにちなむというのが普通の解釈だが、そのもとには田の神をまつる女を中心とする田植神事とのかかわりがあった。端午の節句に「女天下」「女の屋根」「女の家」などという葺きごもりの民俗が残っているのも、そのためであろう。歌舞伎のせりふも歴史と文化を背景として誕生する。

ふたりの町人学者——石田梅岩と伊藤仁斎

慶応四（一八六八）年九月八日、慶応は明治と改元され、同年十月十三日、江戸城は皇居となって東京城と改称された。そして翌年二月、東京遷都の詔はだされないままに、太政官が東京へ移された。それは事実上の東京遷都であった。延暦十三（七九四）年の十月このかた日本の首都であった京都は、危機の局面に立つ。そこで当時の先人たちは、さまざまに英知を結集し、工夫に工夫を重ねて、京都の再建にとりくんだが、そのなかでもっとも注目すべきは、教育百年の計にもとづく京都の復興策であった。

明治二年の五月から十二月にかけての番組小学校六十四校の創設、翌年の京都府中学、明治五年からの女紅場（女学校）開校、さらに明治八年にはじまる幼穉遊戯場（幼稚園）の設置など、それらは全国に先駆けての画期的なこころみであった。そしてそれは京都の近代化の基盤となり、日本の近代化を促進する改革となった。

なぜこうした教育改革が具体化したのか。その前提のひとつに西谷淇水《きすい》(良圃)の慶応三年五月の「勧学教導所」の建議がある。その建議文のなかに「夫《それ》学問ノ道ト云ハ、難字古事ヲ覚ユル勤《つとめ》ニアラズ、唯《ただ》人ト生レテ人タル者ノ大道ノ要ヲ求ムルニアリ」の一節があった。

享保十四(一七二九)年に町人学者石田梅岩は、四十五歳のおり京都の車屋町御池上ルで開講し、商人の立場から「人ノ人タル道」を説いたが、私はこの建議文を読んだおりに直感したのは、西谷淇水と心学とのかかわりであった。調べてみると西谷家の初代は近江から京都へ移住して米屋を営んだが、淇水はその八代目で、その四代目は心学を学んでいることがわかった。「一銭軽シト云ベキニ非ズ。是ヲ重テ富ヲナスハ商人ノ道ナリ」、「売利ヲ得ルハ商人ノ道ナリ。元銀ニ売ヲ道トイフコトヲ聞ズ」と薄利多売のあるべき商人道を力説して「こころを知り、性を知る」ことが肝要であるとした梅岩の学問は、後に石門心学とよばれるようになるが、「こころの発明」をめざしたその思想と行動は、明治初期の教育京都のひとつの原動力を形づくったといってよい。

いまひとり忘れてならぬのは、やはり京都の町人学者であった伊藤仁斎である。彼は朱子以前の孔子・孟子の学(古学)を重視し、いわば独学で、世に堀川学派とよばれる独自の学問を樹立した。寛文元(一六六一)年に京都町衆の有志と共に同志会を作って儒学の共同研究にとりくむ。時に仁斎三十五歳であった。

毎回、参加者から会長を選び、講義・質問そして討論という、きわめて民主的なゼミナールを実施した。このような学塾は、十七世紀のなかばでは、世界でも稀であった。京都市上京区の東堀川に史跡になっている私塾古義堂がある。その古義堂を仁斎が開いたのは翌年の寛文二年であった。

近世京都の学問は多彩であったが、平成十（一九九八）年の十一月、全国ではじめての京都市学校歴史博物館が創設されたが、学校歴史博物館にとってはもとよりのこと、京都の市民のための市民による市民の教育史においても、このふたりの先学の存在は見逃せない。おりがあればこのふたりの町人学者をテーマとした展示のあらたな具体化を期待する。

II　日本と朝鮮半島

日朝関係史の問題点

周りを海で囲まれている日本列島は、文字通りの島国ですが、その歴史と文化の展開は、島国の内部の要因ばかりでは充分に解明することができません。海上の道を媒体とする海外に連動する歴史と文化の発展を軽視するわけにはいかない。日本古代史の究明においても、アジアの国々、とりわけ東アジアのなかで古代の日本の実像をみきわめることが大切です。たとえば朝鮮半島などから渡来してきた人々のことを、ある高校歴史教科書だけが今もなお「帰化人」（渡来人）としておりますが、統一国家ができていない段階や戸籍がない段階に帰化人が存在するはずはありません。『古事記』や『風土記』にも「帰化」という用語はどこにもありません。すべて「渡来」あるいは「参渡来」です。『日本書紀』が「帰化」を十三ヶ所（一ヶ所は「化帰」）使用していますが、渡来は日本の古典に見える用語です。島国の中だけで日本の歴史を考えていたのでは実相が見えてこないのではないか。いわゆる「帰化人」史観もそのゆがみにもとづきます。

さらに、いわゆる中央から歴史を考えるというものの見方や考え方にも問題があります。私はこのような考え方や見方に立つ史観を中央史観と呼んでいます。このことを公に書きましたのは『読売新聞』の一九七四年の四月三十日の「中央史観の克服」です。都を中心に各地域を考える歴史の見方です。「地方分権」「地方の活性化」などと申しますが、江戸時代の地方書《じかたしょ》や地方三役《じかたさんやく》（名主、関西では庄屋・組頭・百姓代）などの「ジカタ」とは異なります。近代以後の「地方」という言葉は、中央を前提にした言葉です。中央があって地方がある、このような考え方で地方分権と言ったってうまくいくはずがない、中央あっての地方ではありません。

たとえば江戸八百八町と申しますけれども、江戸はもとからいわゆる八百八町であったわけではない。もともとは漁村であった。慶長八（一六〇三）年に家康が征夷大将軍になりまして幕府を開いてから権力の中心地になるわけです。飛鳥の地域が最初から日本の政治や経済や文化の中心地であったわけではない。私は著書や論文で「地方」という言葉は使いません。「地域」と表現しています。「地方」をカッコづけで限定的に使っている場合もそれなりの意味があるからです。地方分権一括法という法律ができました。国の権力の一部を譲渡する、これが地方分権だと思っていたら間違いです。地域から歴史を考える、この視点がまずいるわけです。都から地域を考えることも大事です。それを否定しているわけではありませんけれども、それだけで考えていくと間違ってくるということです。

いい例を申し上げたいと思います。私は島根県の知事の諮問組織「古代文化活性化審議会」のメンバーとして島根県に行く機会がたびたびあります。古代文化で島根県をどう活性化したらいいかということで、平成二(一九九〇)年に私どもは島根県の活性化をめざして三つの提案をしました。一つは県立の古代の歴史や文化を研究する機関をつくっていただくことです。これが今、県立の古代文化研究センターで、所長以下十七名の専任研究員がいます。それから島根へ来てくださいというだけではだめなので、島根県の文化を中心に、東京、大阪で大展覧会をやる必要があると申しました。そこで澄田信義知事さんは、毎年二億円、五年間かかって十億円積み立てて、平成九年に古代出雲文化展を東京、大阪、松江で実施していただきました。有料の見学者が約五十万人、十二億円ばかり収入があったようです。よかったと思います。これが赤字だったら知事さんや島根県民にお詫びしなければならない、と考えていました。三つ目は古代を中心にした歴史博物館をつくられたらどうですか。いわゆる博物館はたくさんありますが、どこへ行っても通史中心の博物館が多いのですね。古代を中心にした博物館をつくるべきではないかということで、遅ればせながら出雲大社のある大社町につくることになりました。神話の国としても有名な地域であり、古代史においても重要な場所です。

昭和五十九(一九八四)年、出雲で重要な遺跡が見つかった。荒神谷遺跡《こうじんだに》という遺跡名をつけた。荒神谷は隣の谷なので、本当は神庭《かんば》です。遺跡名は正確につけないといけない。私の本などには「神庭遺跡」と書いています。荒神谷遺跡と言ったことは一度もない。世間では遺跡が二つあると思って「どっちですか?」と言う人もある。いっぺん登録したらなかなか直せないんですね。しょうがないから、今、島根県は「神庭荒神谷遺跡」とよんでいます。神の庭という地名には意味がある。そこから銅剣が三五八本出てきた。青銅の剣です。日本全国で弥生時代の銅剣がいくつ見つかっているか、ご存じでしょうか。約三百本です。一ヶ所で、全国の青銅の弥生時代の銅剣の総数を超える数が出たんですね。四列で出土しました。連絡があって「先生、三五八本出ました」「本当か」とすぐにまいりました。翌年、銅鐸《どうたく》が六個、銅鉾《どうほこ》が十六本みつかった。残念ながら銅戈《どうか》は出なかったけれども、これが出たら青銅器の銅剣・銅鉾・銅戈・銅鐸がすべて揃うわけです。

そして平成八年、忘れもしませんが、十月十四日、鉄道記念日です。澄田知事さんは、JR出身です。喜んで「十月十四日の鉄道記念日に出た。因縁があります」と言われていましたが、銅鐸が加茂町岩倉遺跡から三九個出たんです。これも大事件です。それまでに出雲で出ている銅鐸は十三個です。そのうち出雲で出たとつたえられているのが三個ある。全部入れますと現在五四個になります。

全国で銅鐸は何個見つかっているか。四三〇個ほどです。銅剣は全国で一番多く出土しているでしょう。銅鐸も全国で一番多く出ているわけです。それなのにまだ「二大青銅器文化圏」と言っている研究者が多い。畿内を中心とする銅鐸文化圏。北九州を中心とする銅剣、銅鉾、銅戈の文化圏。教科書にもなお二大青銅器文化圏の図が載っていますが、二大青銅器文化圏を提唱した人は誰か。

有名な哲学者の和辻哲郎先生です。和辻先生はすぐれた先学で、『古寺巡礼』という名著があるでしょう。何歳で書かれた本かご存じですか。二十七歳です。『和辻哲郎全集』第四巻の月報に私も書いているんですが、『古代日本文化』は大正四年、三十一歳の時に書かれています。改訂版が大正九年、三十六歳の時に出版されている。その改訂版で、和辻先生が二大青銅器文化圏を提起されたんです。哲学者が提言された説です。それがまだ生きつづいている。

出雲に力点をおいて考える必要がある。地域からの視座です。私は今、出雲を中心とするいまひとつの青銅器文化圏も考えるべきだと思っています。最近の考古学の先生方のなかには「加茂岩倉遺跡の銅鐸のなかには出雲ないしはその周辺でつくられた銅鐸もある」と言う研究者がやっと現れてきました。そしてまた出雲型の銅剣を認める研究者もふえてきました。それは鉄の文化についても言えるのです。島根県立の古代文化研究センターの運営委員長をしておりますので、島根県の情報も入ってきます。

弥生後期の鉄器出土数をみてみましょう。鳥取県の青谷《あおや》町の上寺地《かみじち》遺跡は大体調査が完了しまして、鉄製品は二七〇点ばかり。鳥取県の大山《だいせん》町から淀江町にかけての妻木晩田《むきばんだ》遺跡、弥生の大集落の遺跡ですね。鉄製品は二八〇ばかりと言われています。

島根県では、宍道《しんじ》町の上野II遺跡では、製鉄の鍛冶炉、木次《きすぎ》町の平田遺跡や安来市の塩津山遺跡群でも、大量の鉄製品が見つかっています。京都府で申しますと岩滝町、丹後の最近の発掘に注目すべきものがありますが、南大風呂墳丘墓で鉄剣が十四本。これまで弥生時代後期の鉄製品が一番見つかっているのは北九州でした。ところが島根県、鳥取県、兵庫県北部、京都府北部など、日本海沿岸地域の弥生時代後期の鉄製品の出土数は北九州に次いでいるわけです。今までは、鉄は北九州から製作が始まったとされていた。しかし北九州に並んで日本海沿岸地域が改めて注目されています。

「弥生時代の鉄器出土数」の表を見ておやっと思うことがある。奈良県の大和からはあまり鉄製品は出土していないのです。弥生時代後期における大和からの鉄製品の出土例は極めて少ない。古墳時代になると増加してくる。弥生後期にはほとんどない。日本海は裏日本だという考えが未だに根強く残っています。これも「中央史観」です。「裏日本」という言葉は明治二十八年のころから使われてくる。はじめは差別的な意味はなかったようですが、明治三十三年のころからは明らかに日本海側は遅れているという偏見で、地域的差別を含んで裏日本という言葉が使われるようになります。

『三国志』（魏書東夷伝弁辰の条）。俗に『魏志』といっています。『魏志』という本が、中国には少なくとも三つある。一つは陳寿の書いたもの。太康年間に書かれた。太康という年号が使われたのは、二八〇年から二八九年までですが、その間にできた。王沈という人の書いた『魏志』もある。魏収の書いた北魏の『魏志』もあるものですから、『三国志』の『魏書』は俗に『魏志』とよんでいます。

その「東夷伝」弁辰の条には、「國出鐵、韓濊倭皆従取之、諸市買皆用鐵」とあって、倭人が朝鮮半島南部へおもむいて鉄とかかわりを持っていたことがうかがえます。そして釜山の東莱温泉洞貝塚や金海府院貝塚から出雲系土器や倭人の骨が出土しているのがみのがせない。

後漢の范曄が書いた『漢書』の最後は『王莽伝』です。王莽の言った言葉として「東夷の王大海を渡り、珍を奉る」と書いてある。この史料はあまり注意されていませんが重要です。

豊岡市の森尾古墳で方格規矩四神鏡という鏡が出ました。これは王莽の時代の鏡です。貨泉という、王莽の時につくられた硬貨が丹後久美浜の函石浜遺跡からも出ています。王莽の時代の素環頭大刀もかなり見つかっています。日本海沿岸地域で最近、貨泉が次々に出土しています。青谷上寺地遺跡からも四枚出てきた。

ひょっとするとこの「東夷の王」は、日本海沿岸地域の有力者であった可能性もある。日本海を媒介する海外交渉を改めて考える必要があります。

たとえば高句麗の使節は『日本書紀』の欽明天皇の三十一年、敏達天皇二年、同三年、天智天皇七年、北陸から上陸して渡来しています。日本海ルートです。日本海という名称は当時ないんですね。そもそも日本海という名称がいつ頃ついたか。一六〇二年、北京にいましたイタリアの宣教師、マテオ・リッチが地図を書いた。『坤輿《こんよ》万国全図』です。最近、その地図を写真で見る機会がありました。漢字で日本海と記しています。一六〇二年には日本海という名称があった。古典では北ッ海とあります。『日本書紀』垂仁天皇二年、是歳《このとし》の都怒我阿羅斯等《つぬがあらしと》の記事の中に「嶋浦につたよひつつ、北海より廻りて、出雲の国を経てここに至れり」とあります。天平五(七三三)年二月にできた『出雲国風土記』の意宇《おう》郡の条・嶋根郡・神門郡の条などにも北ッ海と書いてある。『備後国風土記』の逸文《いつぶん》にも北ッ海と記されています。古代には日本海という名称はありませんから、北ッ海文化と言うべきでしょう。裏日本という歴史の見方や中央史観ではその実相はみえてきません。

「大和朝廷」という用字を今でもしばしば使われるのですね。大和という用字はいつ使われたのかということも問題です。一九六七年に『大和朝廷』(角川書店、後に講談社学術文庫)という本を書いた時、冒頭に書いています。『古事記』や『日本書紀』には「大和」という用字はありません。「大和」が使われるのは「養老令」からです。「養老令」ができたのは養老二年、七一八年と言っていますが、これは疑わしい。私は七一九年か七二〇年くらいに下がるんじゃないかと思うんです。「大宝令」は全てが復元できていないので約三分の一くらいしかわからない。「大宝令」の注釈書の『古記』によってそのおよそがわかります。『古記』はいつつくられたものか。天平十年の正月から三月の頃でしょう。ところが「養老令」の中に官人把笏の規定がある。その規定が「養老令」に書いてある。その規定ができたのは養老三年なんです。養老三年にできた規定が「養老令」に書いてあるということは養老三年以後の成立と思われるわけです。それだけではない。そのほかにもたとえば衛門府・兵衛府の医師が八位相当の官であることが規定されていますが、衛門府医師は養老三年九月に、兵衛府医師は養老五年六月に創設されています。私の本では「養老年間」と大変曖昧に書いています。

「養老令」には「大和」とはっきり書いてある。しかし「養老令」が実施されたのは天平勝宝九年の五月からなんです。西暦七五七年です。その年の五月から施行した。それ以前に「大和」の用字は使っていない。だから天平二年の「大倭国正税帳」にも「大倭国」と書いてある。「大倭国」の印鑑まで押してある。そして天平九年から十九年までこの字をやめて、大養徳に替えるのです。そして再び大倭国に替える。『続日本紀』を読んだらはっきりわかります。四、五、六世紀に大和朝廷の表記を使ったら史実とそぐわない。私の本ではヤマトあるいは倭と書いています。はじめに大和朝廷ありきとするわけにはまいりません。朝廷という言い方は内廷、外朝の略語です。内廷は宮中です。外朝は府中つまり政府です。三、四世紀に外朝がありましたか。政府の機関が整わない段階に朝廷があるはずがない。宮中だけでは朝廷と呼ばないんです。ところが教科書にいまだその表記で載っている。三十年くらい前から言ってるんですが、どうも影響力が小さくて訂正されていません。

高句麗好太王碑文。三度、実地調査をすることができました。四面に碑文が書いてある。今までは高さ六メートル三十四センチと言っておりましたが、詳細に測量されまして五センチ高い。第一面には十一行、第二面には十行、第三面には十四行、第四面には九行、一行が四十一字。もちろん剝落して読めないところもあるのですが、一行目の三十五番目。この資料では欠字になっています。ここには間違いなく「彳」扁があって「徳」です。第二面の五行目に、「殘主」とあります。「殘」は「百済」の「済」の異体字です。剝落で「主」とみえますがこれは「王」です。碑文には「倭」という字が何ヶ所か出てきます。第一面の「倭」、これも従来は大和朝廷、あるいは大和王権、大和政権とみなす説が多い。大和国家あるいは大和朝廷の軍隊と解釈しておられる方が多いのですが、この碑文をずっと読んでみると倭、倭人、倭賊、倭寇という表現はありますが、「倭国」・「倭王」という表記はありません。『三国史記』では、倭人と書いてあるのが二十九、主語がありませんが、倭人と見られるものが二例で合計三十一、倭兵が七例、倭賊が一例、倭船が一例、倭国が九例あります。倭の対馬や北九州を中心とする政治勢力ではないか。『三国史記』新羅本紀の実聖尼師七（四〇八）年の条に「倭人、対馬島に営を置き、以って兵革資粮を貯《たくわ》ふ」と記すのが注目されます。好太王碑の倭・倭人・倭賊・倭寇を「大和朝廷」などと即断することはできません。好太王碑文は朝鮮古代史にとっては欠かすことができない、朝鮮史研究の重要な金石文であり、朝鮮神話研究の原点だと思っています。

　中央史観での議論ではゆがみが生じます。島国史観で日朝関係を見てはいけないと考えています。倭人が朝鮮半島に渡っている場合もあるのですね。倭の文物も出土している。釜山大学の申敬澈《シンキョンチョル》先生が大変貴重な発掘の成果を発表されています。前述したように釜山や金海などで出雲系土器が大量に出てきた。倭人の人骨も出ている。つまり相互に交流していたことがわかる。一方的に渡来ということだけではなく、こっちからも行く人間も文物もあったわけです。

古代日朝関係史の研究もいよいよ本格的な段階に入ってきたとうけとめています。今後の研究を大いに期待したいと思います。

日朝文化の異相

柳田國男が遺した課題

私は柳田國男先生ならびにその高弟であった折口信夫先生に学問のこころざしを学んできたひとりです。柳田先生、折口先生の書物は今でもおりあるごとに読んでいます。柳田國男先生のお仕事を中心に研究され、開催されている常民大学の合同研究会が、二〇〇二年でなんと十九回、明年で二十回ということを知りまして、あらためて後藤総一郎さんをはじめとする皆さんのご努力に敬意を表する次第です。後藤さんから、柳田國男が遺した課題として、南方からの海上の道だけではなくて、北方からの海上の道、私はあえて北ツ海と申しておりますが、北ツ海の海上の道を、とくに韓国・朝鮮の問題を視野に入れて研究していこうではないかというお話を伺いまして感動をあらたにしております。

私の恩師のひとりでもあります折口信夫先生も、先生のお仕事のベースになった『古代研究』の一九二九年の著作の「追ひ書き」の中で、いつの日か中国を含む大陸との比較研究をしたいということを述べておられます。しかし、柳田先生をただ一人の師と仰がれた折口先生でしたが、ついに中国・朝鮮半島を含む大陸との比較研究はされなかったわけです。そのことに私は大変不満を抱いておりまして、折口先生の異端の弟子ではありますが、一九六〇年代から、日本の古代の歴史や文化を考えようとするときに、東アジアのなかで考えなければ実像は見えてこないということを、私の研究の重要な柱として、今日まで京都大学での研究・教育の中核として来ました。おかげさまで私の講義を受講してくれた多くの歴史学者、考古学者の諸君が、東アジアの中の古代の日本について、次々に新しい研究成果を積み上げていただいていることを、先輩としてうれしく思っています。

帰化と渡来

日本列島と朝鮮半島との関係について論文を書き始めましたのは、一九六〇年からです。今から四十数年前のことになります。そして一九六五年、京都大学の助教授でしたが、中央公論社から『帰化人』という書を出しました。そこに書きました私なりのいくつかの主張について、まずお話ししてみたいと思います。

その第一は「帰化とは何ぞや」ということがらです。帰化という言葉は中国の古典によく出てまいりますが、これは中華思想の産物ですね。中華の反対は夷狄です。東夷《とうい》・西戎《せいじゅう》・北狄《ほくてき》・南蛮《なんばん》と言いますが、夷狄が中国皇帝の統治する中華の国に内帰欽化《ないききんか》する、すなわち「帰化」という考えは、中華思想の産物です。中国の「唐令《とうりょう》」にもそういう考え方が出てきます。わが国は東アジアのなかでの、中国が東夷と呼んでいるなかの倭国、あるいは日本国です。東夷のなかの日本国の支配者層が、東夷のなかの中華たらんことを願う。日本版中華思想といってもよいと思いますが、七世紀の後半から八世紀の初めの支配者層はこれを目指すわけです。日本国という国号を名乗りますのも、天皇という称号を名乗りますのも、七世紀後半からです。

六六〇年（最終的には六六三年）、百済が唐・新羅の連合軍によって滅ぼされます。六六八年に高句麗が同じく唐・新羅の連合軍によって滅亡し、朝鮮半島は統一新羅の時代に入ります。

たとえば新羅や渤海、あるいは南方の島々、たとえば屋久島、これらは東夷のなかの中華たらんとする日本支配者層からみると蕃国になります。「大宝令《たいほうりょう》」という古代の法律を読めば、ここには蕃国・夷狄という言葉が使われています。蕃国は新羅あるいは渤海を指しています。すなわちわが国に朝貢するとみなした国です。夷狄は東北の蝦夷、あるいは九州南方の隼人《はやと》などです。そういう日本版中華思想が前提となって、日本の古代法に帰化という言葉を生み、それによって日本の古典は帰化という言葉を使うようになりました。

古代法でも帰化の内容は明確に書かれております。「附戸貫（戸貫《こかん》に附す）」、と「大宝令」・「養老令」にあります。戸は戸籍、貫は本貫です。また附籍貫（籍貫《せきかん》に附す）とも記しています。海外からわたってきた人々が日本列島の中に本拠を定めて、戸籍に登録されること、これが古代における帰化という言葉のメルクマールになっています。わが国の戸籍はいつ出来たのか。弥生時代・古墳時代には戸籍はありません。私がこの本を書くまで、学界では奇妙な学説が横行しておりました。弥生時代の朝鮮関係の遺跡を帰化人の遺跡とよび、そこから朝鮮系の人骨が出て来ますと、帰化人の人骨などといっておりました。これはおかしなことで、帰化すべき国家が出来ていない段階で、帰化人のいるはずはありません。戸籍が無い段階で、帰化人であることを示す史料はありません。そこで私が使った言葉が渡来です。これは私の造語では決してなく、渡来という用語は『古事記』や『風土記』に使われております。『古事記』や『風土記』には、帰化という用語は一ヶ所も出てきません。みな渡来と書いていている。あるいは参渡来（参り渡り来つ）とあります。帰化という用語を好んで使っているのは『日本書紀』です。

ところで、中国から日本に来た人に対しては、帰化という用語を一切使っていません。使っているのは、百済の人、新羅の人、高句麗の人、加耶の人、あるいは屋久（掖玖）島の人などであって、中国の人には使っていない。つまりこれは、日本版中華思想の産物であることを示しています。私は帰化した人を帰化人と書くことに反対しているわけではないのです。帰化もしてない在日の、あるいは在日本列島の海外から来た人々を、帰化人などと無限定に使うのは、歴史の事実に反するのではないか。帰化と渡来はどう違うか、ということを『帰化人』の冒頭に書きました。

朝鮮半島からの渡来の波は、少なくとも弥生時代以後、四段階にまたがっております。第一の段階は弥生時代の前後、第二の段階は五世紀の前後、第三の段階は五世紀の後半から六世紀の前半、第四の段階は七世紀の半ばです。渡来のくり返しのなかで沢山の人々がやって来るこれら四つの時期が、渡来の波のピークを示しています。朝鮮半島から日本列島に渡ってきた人々、あるいはその子孫の人々、これらの人々の日本へ果たした役割は、影響などというレベルにとどまらないくらい大きい。古代の日本の歴史と文化を担っているメンバーなのだ、あるいは荷担層なのだと、書いておきました。

その中でまず二つの例を挙げました。ひとつは東大寺の大仏建立です。天平勝宝四（七五二）年四月、大仏開眼供養が行なわれましたから、二〇〇二年はその一二五〇年に当たります。大仏建立にたずさわった中心的技術者の名は、日本名、国中公麻呂《くになかのきみまろ》という在日三世で、斉明天皇六（六六〇）年日本へ亡命してきた百済の官僚、国骨富《こくこつぷ》の孫に当たります。東大寺の大仏は源平の戦いにおいて、さらに戦国時代の騒乱において二度崩壊させられました。現在の大仏は元禄五（一六九二）年の鋳造ですから、三度目の造立です。蓮弁の二枚だけに天平の浮き彫りが残っております。公麻呂の作で現存する仏像としては、東大寺法華堂の不空羂索《ふくうけんじゃく》観音が有名です。いかに優れた仏師であったかがわかります。大仏建立について、聖武天皇と光明皇后ばかりを言ってはいけないので、制作現場のリーダーであった公麻呂も取り上げるべきではないでしょうか。

もうひとつは、桓武天皇の生母である高野新笠《たかののにいかさ》の出自は百済の武寧《ぶねい》王の流れで、天皇家の血脈には百済王族の血が流れていることは、紛れも無い事実であるということを、書きました。今でこそ、このことは常識になっておりますが、この書の出版当時は右翼の方々が激怒をされ、抗議の手紙を四通いただきました。このたびの（二〇〇一年十二月二十三日の天皇誕生日の記者会見における）天皇の発言で、このことを陛下自らが言及されたことは、意味深いことでありました。

『続日本紀《しょくにほんぎ》』の記事を読んでみます。桓武天皇の生母である高野新笠は、延暦八（七八九）年十二月に亡くなります。「明年正月十四日辛亥。中納言藤原小黒麻呂、誄人《しのびびと》を率《ひきい》て誄《しのびごと》を奉り」とありまして、明年とあるのは延暦九年のことです。高野新笠に諡《おくりな》をしているのです。「諡を上《たてまつ》りて天高知日之《あまたかしるひの》子姫尊《みこのひめみこと》と曰《もう》す」。それからこういう箇所もあります。「九年尊号を追い上《たてまつ》って」、これは新笠が八年に崩去しますから、九年です。そして天皇の母ですから「皇太后と曰《い》ふ」。「其の百済の遠祖《とおつおや》都慕《つぼ》王は」、これは百済の建国神話の始祖です。都慕王は鄒牟《すうむ》王、あるいは朱蒙《しゅもう》・仲牟《ちゅうむ》などとその表記は色々あります。「河伯《かはく》の女《むすめ》の日精《にっせい》に感じて生める所なり」。河伯は河の神です。その娘が太陽に感じて生んだのが都慕王である。太陽感精神話です。「皇太后すなわちその後なり」。したがって、高野新笠はその建国神話の始祖の末裔であるので「因って以て諡し奉る」。新笠の諡は百済の建国神話に基づいているのです。

延暦七（七七八）年の七月二日に中宮大夫となったのは、宇佐八幡の託宣によって道鏡の野望を阻止した和気清麻呂《わけのきよまろ》でした。そのとき清麻呂は和氏《わうじ》の系譜を書いています。新笠は和氏の出身ですから。これを「和氏譜《わしふ》」と言いますが、現存しておりません。いずれにしても新笠が百済の王族の血を引いているのは、まぎれもない事実です。もっとも高野新笠を母とする山部親王（のちの桓武天皇）の皇太子就任には、生母の出自が低いとして反対する勢力がありました。それを藤原百川《ももかわ》らが擁立します。百川の子の緒嗣《おつぐ》が桓武天皇から重視される前提には、百川の功績があります。しかし、桓武天皇の生母が武寧王の血脈につながることを陛下が自ら口にされることは、タブー視されていました。陛下が率直にお話しになったことは、とても大事なことだと思います。さらに陛下は、こうした深い関係があったにもかかわらず、日韓の間に不幸な関係が近代に起こったということを忘れてはなりません、と述べておられることもきわめて重要です。

このように私はかなり早くから日本と朝鮮半島の関係を書いてまいりましたが、反省もあるのです。なぜなら私のこれまでの仕事は、交渉史が中心であって交流史としては未完成です。本当の交流史とは、日本列島からも朝鮮半島に行っている側面もみなければなりません。主として受容の歴史を中心に注目してきた。相互の交わりもある筈です。このことを私自身は十分に指摘してこなかった。そのあたりをお話ししてみようと思います。

北ツ海の海上の道――文化の交流をめぐって

北ツ海の交流史に入ります前に、日本海という名称について触れておきます。一六〇二年、イタリアの宣教師マテオ・リッチが、北京で「坤與《こんよ》万国全図」と呼ばれている世界地図を作っております。そこには漢字で日本海とはっきり書かれています。日本海という名称が、近代の日本の植民地政策によって作られたなどと一部の人の間で言われているのは、全くの誤解です。これは宣教師によってヨーロッパに伝えられまして、十八世紀の末には、ヨーロッパでは日本海という名称が定着しておりました。公の海に国名をつけるのはけしからんなどというのも、おかしな話でして、インド洋などそうした例はいくつかあります。

それまで日本海という名称が使われなかったのは、かつては北の海、北ッ海と呼んでいたからなのです。『日本書紀』垂仁天皇二年是歳《このとし》の条、都怒我阿羅斯等《つぬがあらしと》が福井県の敦賀《つるが》にやって来た時のくだりに、「北海《きたつうみ》より廻りて」と書いてあります。『日本書紀』は養老四（七二〇）年の五月に出来ております。次に天平五（七三三）年にまとめられた『出雲国風土記』意宇《おう》郡の条には、「北海に毘賣埼《ひめさき》有り」と書いてあります。嶋根郡や神門郡の条にも、『備後国風土記』の逸文にもあります。このように日本の古典では「北海」と書かれていました。海上交通のルートは南海だけではなく、北ッ海の交流の道もあったのです。実際に弥生時代後期の発掘調査によって、北ッ海沿岸からおびただしい鉄の遺物や遺跡が出てきました。京都府岩滝町の大風呂《おおふろ》南墳墓群から鉄剣が十四本、鳥取県青谷《あおや》町上寺地《かみじち》遺跡から鉄製品約二七〇点、さらに同県の大山《だいせん》町から淀江町にまたがる妻木晩田《むきばんだ》遺跡から鉄製品約二八〇点が出ています。また島根県宍道《しんじ》町の上野II遺跡からは、弥生時代後期の鍛冶炉が出ており、同県木《き》次《すぎ》町の平田遺跡や安来市の塩津山遺跡群からも鍛冶炉が出土しております。松江市川津遺跡や上寺地遺跡からは、鋳造鉄斧を再利用した製品もみつかっています。

従来は朝鮮半島南部と北九州の係わりが注意されておりましたが、北ッ海沿岸地域の鉄の文化はどこから来たのか。朝鮮半島南部からであることは間違いないと思われます。『三国志』魏書（魏志）・東夷伝・弁辰の条には、「国、鉄を出し、韓濊倭《かんかいわ》、皆従いて之を取り、諸市買《か》ふに皆、鉄を用ふ」とあって、市場で貨幣の代わりに鉄で売買をしていると書いてあります。これは架空ではありません。加耶《かや》の地域にあたる釜山一帯から紀元前三世紀頃の鉄資源が見つかっていますが、実はここから出雲あるいは北陸で生産された土器が大量に見つかっているのです。それだけでなく、倭人の人骨までが出土しています。これを明らかにされたのは、釜山大学の申敬澈《シンキョンチョル》教授です。いずれにしてもこのことは当然のことですね。朝鮮半島から日本列島へたくさんの人々が渡って来ておりますが、しかし日本側からも人々が渡って行き、倭国の文物も朝鮮半島で受け入れられています。たとえば円筒埴輪がそうです。韓国の古墳からも円筒埴輪が出土しておりますが、これは明らかに日本列島内で作られたものです。こういう相互交流の歴史を明らかにすることも必要であると考えています。そうした北ツ海文化を示すものとして、もうひとつの例をお話しします。

中国の前漢が滅んで、新という短い王朝が出来ます。これを造った実力者は王莽《おうもう》です。紀元一世紀前半、王莽の時代に貨泉という貨幣が鋳造されます。この貨泉が京都府の北部、律令制の国で言えば丹後の久美浜町函石浜から出ています。それから鳥取県、因幡《いなば》の国ですね、上寺地遺跡からも出ています。さらに出雲を経て、対馬、済州島というように北ツ海沿岸地域に相次いで王莽の貨泉が出ています。ところで『漢書』の最後の部分は王莽の伝記なのです。そこで王莽の言葉としてこう記されております。「東夷の王、大海を度《わた》って国の珍を奉る」。この東夷の王とは、おそらく日本海沿岸地域の王ではないかと思われます。

それから但馬の国、兵庫県豊岡市森尾古墳から出土した鏡、方角規矩文鏡という鏡があります。最近、この鏡の調査が進んで、王莽の時代に作られたものであることが判明しました。このように北ツ海の文化は後の時代に重要な役割を果たしていたばかりでなく、弥生時代の段階においても中国や朝鮮半島との交流の歴史があったということが明らかになります。
柳田先生や折口先生は南海、南の海とのつながりを重要視されて、注目すべきお仕事をなさいましたが、われわれ後学は北ツ海とのつながりに関しても、さらに明らかにしていく必要があります。

日本の神話と朝鮮の神話――その共通性と異質性

よく「記紀神話」などと一括した言い方がされていますが、こういうくくり方は学問上、かなり問題があります。なぜなら、たとえば『古事記』と『日本書紀』の神話の内容はかなり違うからです。私は『記紀』とは表記しません。『記』・『紀』あるいは『記・紀』というように必ず点を入れるか『記』・『紀』と表記しています。『記紀』と表記して同一視してはなりません。『古事記』は和銅五（七一二）年の正月、『日本書紀』は養老四（七二〇）年の五月に作られていますが、同じ内容であるなら、これほど短期間に二種類も作るわけがありません。『古事記』の編纂目的と『日本書紀』の編纂目的は全く違うのです。このことは岩波新書『日本神話』の冒頭に強調しましたが、いまだにあまり受け入れてもらっていないようです。

また『記・紀』のほかにも『風土記』の神話があります。『先代旧事本紀《せんだいくじほんぎ》』、よく偽書ではないかと言われていますが、そうではありません。これも貴重な古典でありまして、やはり神話が書かれています。『先代旧事本紀』の成立については、次のように考えています。『古語拾遺』は大同二（八〇七）年斎部広成《いんべのひろなり》が書いたものですが、『先代旧事本紀』は『古語拾遺』の文章を引用しておりますので、大同二年以後に書かれたことは明らかです。また、延喜五（九〇五）年に『日本書紀』の輪読会をやっている記録があるのですが、その時に『先代旧事本紀』を引用して議論をしており、そのことは『釈日本紀《しゃくにほんぎ》』に載っています。したがって、『先代旧事本紀』十巻は大同二年から延喜五年のあいだに書かれたことがわかります。

『古語拾遺』の神話、それから『延喜式』祝詞にも神話は出てまいりますし、『万葉集』にも断片的ですが出てきます。ですから『古事記』『日本書紀』だけが日本の神話ではありません。文化人類学の方々は『古事記』『日本書紀』だけで日本神話を論じる方も多いですが、それでは史料操作のうえで不十分です。

ところで、韓国の神話と日本の神話には、類似するところが多いのです。そのもっとも共通するところは、天孫降臨神話です。たとえば『古事記』の邇邇藝命《ににぎのみこと》が高千穂の峰に天降るところです。「此《こ》地《こ》は韓国《からくに》に向かい、笠沙《かささ》の御前《みさき》を真来通《まきとお》りて、朝日の直刺《たださ》す国、夕日の日照る国なり。故《かれ》、此地は甚《いと》吉《よ》き地《ところ》」と記されています。『古事記』『日本書紀』を読むときは、こういうところも、しっかりと読まなければなりません。高千穂は韓国に向かう場所である、ということは宮崎県では具合が悪いのです。やはり北九州である可能性が強い。ところが『日本書紀』には、このことは書かれておりません。「膂宍《そしし》の空国《からくに》」とあります。膂宍とは背筋の肉を意味します。つまり背には肉が少ないところから、不毛の地を意味しているのです。『古事記』ははっきりと韓国と書いている。ところが『日本書紀』は、こういう伝承を曲げて書いている。この箇所だけでも、これだけの違いが、『記』と『紀』にはあるのです。これは一例です。

　次に高千穂の峰をどのように書いているか。『古事記』は「筑紫の日向《ひむか》の高千穂の久士布流多気《くしふるたけ》」と万葉仮名で書いてある。『日本書紀』はどうか。第一の「一書」には「筑紫の日向の高千穂の槵《くし》触峰《ふるのたけ》」と書いてある。それから第二の「一書」には「日向の槵日《くしひ》の高千穂の峰」。第四の「一書」には「日向の襲《そ》の高千穂の槵日の二上《ふたかみ》峰」と書いてあります。

　つぎに『三国遺事《さんごくいじ》』の「駕洛国記《からこくき》」を見ます。これは加耶の国、現在の釜山から大邱にかけての一帯で、十二ヶ国から成り立っていた国です。これは駕洛とも書きますし、加羅とも書きます。「光武帝建武十八年壬寅三月禊洛之日所居北亀旨」とあります。光武帝の建武十八年とは紀元三十六年の頃ですが、「壬寅三月禊浴之日《けいよくのひ》」、ここが大事なのですが、禊の日です。禊とか祓を日本独自の慣習と思ったら大間違いです。民俗学の方々も、もっと外国の文献を読んでいただきたい。中国の『後漢書』の「礼儀志」には、春禊、春の禊のことが詳しく書いてあります。三月上旬巳の日、これは後に雛祭りの日になります。雛流しをする所もある。沖縄ではこれを「サニチ」といいます。宮古島では浜降《はまう》りと言って、今でも行なっています。春の禊は、中国から朝鮮半島にかけて広く行なわれていた年中行事です。その禊のときに天降ってくるのです。

「居る所、北の亀旨《くし》」、これは朝鮮読みでもクシです。慶尚南道金海に亀旨峰という伝承地があります。伽耶の始祖といわれる首露《しゅろ》の降臨の地と伝えられており、立派な始祖廟が建っています。つまり久士布流多気・槵触峰のクシは朝鮮語なのです。亀旨のクシと同じです。しかも『日本書紀』第六の

「一書」には「日向の襲の高千穂の添山峰《そほりのやまのみね》」と書いてあります。そして同じ第六の「一書」の本文に「添山、此をば曾褒里能耶麻《そほりのやま》と云ふ」とわざわざ読み方を記しています。

　この「ソホリ」は朝鮮語です。韓国の首都を「ソウル」と言いますが、「ソホリ」のことなのです。「ソホリ」とは聖なる場所を指す言葉です。『三国遺事』とならぶ朝鮮古代史の重要文献である『三国史記』には、百済の最後の都である泗沘《しひ》、後の扶余《ふよ》ですが、この泗沘を「所夫里《そふり》」と読んでおり、同じく聖なる場所を意味しております。つまり高千穂峰降臨伝承の中には、朝鮮の言葉、あるいは朝鮮とつながる要素が多い箇所もあります。

　天から神が降る話は『古事記』『日本書紀』だけに書いてあるわけではなく、一例をあげれば、『常陸国風土記』久慈郡のなかにも「従ひて降りし神、名は綺日女命《かむはたひめのみこと》」これは機織の神様です。それから『出雲国風土記』出雲郡のところ、「宇夜都辧命《うやつべのみこと》、其の山の峰に天降りましき」と、あります。天から降る神の伝承、天上から来臨する神の神話を高千穂の伝承だけで、日本神話のすべてを規定するのは、学問的には正しくありません。『日向国風土記』逸文には稲の神話が書かれています。こういう神話について、柳田先生、折口先生はあまり言及されませんでしたが、きわめて重要であると考えています。たとえば大鉏《おほくは》（土蜘蛛）の奏上です。「千穂の稲を搓《つ》みて籾と為して、投げ散らしたまひければ、即ち、天開晴《あめあか》り、日月照り光《かがや》きき」というような、天から降ってきた神と稲の神話の独自な伝承もあるのです。

　ところが日本の神話と朝鮮半島の神話には、非常に似ているのですが、本質的に違うところもあるのです。たとえば「駕洛国記」です。「踏み舞ひ即ち是の大王を迎へ歓喜勇躍す」と書いてあります。神様に村人の長が降臨を願って、首露という始祖が天から降ってくるわけです。これは新羅の赫居世《かくきょせい》の降臨伝承も同じです。しかしわが国の天孫降臨は違います。「葦原の中つ国に荒ぶる神あり」とあって、これを平定するために降臨してくるのです。天孫降臨の主体は降る神の側にあるのです。ところが新羅や伽耶の神話は、迎える民衆の側に神話の主体があります。日本の『古事記』や『日本書紀』の神話では、「五伴緒《いつとものお》」と言いまして、降ってくる神々に中臣の祖先神とか大伴の祖先神とか忌部の祖先神とかというような、後に朝廷で重きをなす氏族の祖先神、天児屋《あまのこやね》命、布刀玉《ふとだま》命、猿女《さるめ》の君といった神々がお供をして降ってくるのです。朝鮮半島の神話ではお供に神々（随伴神）は原則としておりません。単独降臨です。

そして卵から生まれる、卵生型なのです。『古事記』『日本書紀』では、「真床覆衾《まとこおふすま》」をかぶって降ってくる。これは折口先生や柳田先生が大嘗祭との関係で縷々《るる》論じられた重要な問題です。高句麗の好太王碑文の神話、これは都慕王と同じ神話なのです。百済の建国神話と高句麗の建国神話の始祖は同じです。朝鮮の南北分断を合理化しようとする学者は、百済や新羅の人々は農耕民族で、高句麗は北方の騎馬民族で、もともと種類が違うなどと、とんでもない議論をしている方もありますが、これは間違いです。鄒牟《すうむ》王すなわち都慕王です。好太王碑文は高句麗の長寿王の二（四一四）年に建てられた碑です。

「それ昔、始祖鄒牟王、創基なり」、高句麗は鄒牟王が建てた国である。「出自は北夫余、天帝の子にして、母は河伯の女郎なり」、生まれは北夫余、天帝の子で、母は河の神の娘である。「卵を剖《さ》けて世に降る」、つまり卵生なのです。卵生の神話はわが国にはありません。沖縄の英雄伝承、対馬の中世の伝承には、卵生の伝承もあります。東北で言えば、鳥海山の神が鳥の運んできた卵から生まれたというような神話もありますが、日本の古代の建国神話にはありません。

異文化の相互理解

なぜ共通性がありながら、神話の中にも異なった側面があるのか。比較研究というのは、類似性・共通性だけを研究すればそれでよいとはいえません。文化人類学の先生方の中には、類似性・共通性を土台にして、この神話がどこからどのように伝播してきたかという、ルーツ論のみを指摘される方があります。ルーツ論も大事なことですが、同時にルート論も究明しなければならないと考えております。

起源論だけでなく、形成論、たとえば弥生時代の北九州と朝鮮半島の南部との間には、まだ国境などもなく、互いに交流を盛んにしていたわけですが、言語も同類であったに違いないと思いますが、やがて国家が出来、国境が出来ますと、異質な文化がお互いに発展してきます。共通性だけを指摘してばかりいるのでは、異文化の相互理解という観点は欠落してしまいます。韓国と日本の間には似ている要素は沢山ありますが、決定的に異なる要素もあります。なぜそのような違いが出てきたかという研究も大切です。これまでの日韓文化の比較研究において、そうした視角はとかく欠落しておりました。それでは日韓・日朝の相互理解は出来ません。

神話のベース、基層は、あるいは古層は共通しているのですが、たとえば『古事記』や『日本書紀』の神話に記録される段階には、わが国にはまぎれもなく世襲王制、俗に言う天皇制が成立している。この「天皇制」ということばも、厳密には宮中のみの段階には使うべきではないと思っていますが、しかし、朝鮮半島ではそうではありません。たとえば三国時代の新羅にも、王はおりますが専制の王制ではありません。貴族の合議によって、政治を運営しているのです。これを新羅では和白制《わはくせい》といいます。そういう段階に記録化された神話には、合議の伝統が神話の中にも反映されてきます。福岡市に和白町《わじろちょう》という町《まち》がありますが、江戸時代の文書にも和白村として出てきます。この地名は和白制とかかわりがあるかもしれませんが……。和白制と天皇制という政治の仕組みの差、そういう違いも比較しなければ、本当の意味での比較研究にはならないと考えています。

朝鮮通信使に学ぶ

はじめに

二〇〇八年四月九日、韓国で総選挙が行われ、与党である李明博《イミョンバク》大統領のハンナラ党の候補が多数当選し、李明博体制がスタートを切りました。日韓関係は必ずしも良好とは言い難い状況が続いていました。この度の新政権の下で、最も近い国同士の関係が、より親しく、より誠実に、善隣友好の交わりが構築されることを心から願うひとりです。

私の専門は日本の古代史ですが、近世史についてもいくつかの論文をまとめています。「日韓の善隣友好をめざして」というご依頼でしたので、本日はあえて、江戸時代の朝鮮通信使を取り上げることにしました。

我が国の鎖国史観の誤り

最初に、「我が国は平安時代、遣唐使の廃止によって海外との通交がなくなり、日本独自の国風文化が実った」とするような鎖国史観は、明らかに間違いであることを申します。

寛永十二（一六三五）年、三代将軍徳川家光の時代に、日本船の異国への渡航禁止、日本人の海外渡航と帰国（日本在住の中国人を含む）の禁止、キリスト教の禁圧および貿易統制など十七ヶ条を通達しましたが、これを「鎖国令」と称したり、あるいは寛永十六（一六三九）年のポルトガル船の来航禁止をポルトガル船に通告して帰国させたことをもって、「鎖国の完成」と呼んだりするのも、歴史の実相とかけ離れています。まず第一に、その通達や通告に「鎖国」という用語は一切使われていませんし、当時、これを「鎖国」と表現した例もありません。

そもそも「鎖国」という言葉を使用したのは、享和元（一八〇一）年に、長崎の通詞（通訳）であった蘭学者の志筑忠雄《しづきただお》であって、エンゲルベルト・ケンペルの『日本誌』のなかの一章を「鎖国論」と題したのに始まります。これ以後、「鎖国」の用語が流行することになります。実際に、江戸時代は決して完全な鎖国の時代ではありませんでした。仮に、そうであったなら、本日お話しするような朝鮮通信使の外交はあり得なかったと言えます。

十五回の遣唐使派遣と停止の影響

古代についても、こうした誤った「鎖国」史観が災いしています。寛平六（八九四）年九月三十日、菅原道真の奏言によって（九月十四日）遣唐使の派遣が中止されます。奏言では、唐（中国）の勢力が衰退に向かっていることや海賊の横行などが理由とされています。

しかし、停止の理由はそれだけではありません。遣唐使は舒明天皇二（六三〇）年から承和五（八三八）年まで十五回にわたって派遣されておりますが、初期の頃は一、二隻であったのが、菅原道真の頃は四隻が通例となっていました。一隻に一五〇人ぐらい乗船しますので、総勢六百人から七百人を超える派遣になります。当時の財政は逼迫しておりましたので、国費の負担を減らすという目的もありました。また、博多などを中心に民間貿易は盛んに行われており、商人の活躍は非常に活発でしたので、あらためて遣唐使を派遣するまでもないという状況もありました。そして、遣唐使の中止後も菅原道真らは遣唐使の役職を名乗っておりましたし、渤海国の使節は延喜八（九〇八）年と延喜十九（九一九）年に来日していますし、渤海国のあとの東丹国の使節も延長七（九二九）年に来航しています。

遣唐使の停止によって、我が国独自の国風文化が発展したとしばしば言われますが、王朝文学開花の背後には、中国の漢詩・漢文学の伝統が根強く横たわっていました。

二〇〇八年は「源氏物語千年紀」の年で、京都ではさまざまなイベントが開催されましたが、これについても、若干、誤解されている方もあります。

紫式部の『源氏物語』ができてから、二〇〇八年がちょうど千年と思っている方もあるようですが、そうではありません。『源氏物語』がいつ成立したかは、未だに多くの方が研究しておられますが、完成の年次はわかっておりません。寛弘五（一〇〇八）年十一月一日の『紫式部日記』に、紫式部自らが『源氏物語』について触れておりますので、一〇〇八年には『源氏物語』が存在していることになります。ですから、そこから数えて二〇〇八年はちょうど千年であるということなのです。

『源氏物語』は五四帖（巻）からなっていますが、そのうちの十八帖に、白楽天（唐の詩人・白居易）の詩集『白氏文集』を引用して叙述している部分があります。紫は幼少時すでに漢籍（たとえば、司馬遷の『史記』）を読み、また父親の藤原為時も漢詩・漢文学の教養が深かった人で、紫の教養は、漢詩・漢文学を基礎にしていました。このことは同時代に生きた清少納言も同様です。ですから、王朝文学の基礎には漢詩・漢文学があるわけで、島国日本のなかのみで、特有の王朝文学が誕生したわけではありません。

たとえば、『源氏物語』の「乙女の巻」に「大和魂《やまとだましい》」という用語が見られます。「大和魂」は、戦時中には軍国主義精神の代名詞のように使われましたが、この言葉を日本文学のなかで最も確実に、最も早く使っている代表的な人物が紫式部です。

葵上《あおいのうえ》と光源氏の間に生まれた夕霧の学問のありようについて紫は、「才《ざえ》（唐才・漢才。具体的には、漢詩・漢文学）を本《もと》（根本）としてこそ、大和魂の世に用ひらるる方《かた》も強ふ侍《はべ》らめ」と記しています。

日本人としての教養や判断力は、漢詩・漢文学を根本にしてこそ、より強く世の中に作用していく、と言っているわけです。この指摘はまさに名言です。

私の京都大学在職中には、外国から多くの日本文化の研究者が訪れましたが、彼らから、「日本文化を一言で言えば、どのようになるか」といった質問を度々受けました。その時々に、私はこの「乙女の巻」を前に置き、「日本の文化は内なる島国の文化だけで発展してきたわけではなく、海外からの文化を巧みに受け入れ（漢才を受け入れ）、日本独自の文化を育ててきた」と説明してきました。紫は和魂漢才のありようを見事に説いています。現代の若い人たちは、和魂をどこかに置き忘れてしまって、洋魂洋才になっているような気がいたします。

私が古代史の研究に入って論文を書いたのが二十歳の時で、二〇〇七年、私は満八十歳を迎えました。出版社から六十年の研究成果をまとめてほしいとの熱心な勧めもあって、本年四月に『日本人のこころ』（学生社）を上梓しました。私の著書は今まで難しい論文ばかりでしたが、この著作は一人でも多くの若い皆さんに読んでほしいと思い、初めて「です・ます」調で書き、平易な文章で綴ったつもりです。このなかで、和魂を見直し、洋才を発揮してほしいと訴えましたが、その前提にあるのは、紫式部の「乙女の巻」の文です。『源氏物語』はまさに和魂漢才の産物であり、いわゆる国風文化を一面的に捉えてしまうと、我が国本来の文学史の実相が理解できなくなると思います。

雨森芳洲に学ぶ

さて、古代史を専門にしている私が、なぜ通信使の研究に関わってきたのか疑問に思われる向きもあるかもしれません。実は昭和四十三（一九六八）年に、中央公論社から『日本の名著』シリーズ（日本の優れた先人の著作百冊を現代語訳で発刊）を出すことになり、そのなかの「新井白石」を桑原武夫先生（フランス文学者・京都大学人文科学研究所所長〔当時〕）と一緒に担当することになりました。

調べていくうちに、白石の自叙伝『折たく柴の記』に、「対馬国にありつるなま学匠」と、対馬の藩儒・雨森芳洲《あめのもりほうしゅう》をライバル視していることを知りました。白石ほどの碩学《せきがく》が、なぜ芳洲をライバル視しているのか。疑問になって、芳洲のことを調べるようになりました。

そして、芳洲の出身地である近江国（滋賀県）高月町の雨森へ出かけました。当時は保育園のそばにある蔵に芳洲の文書や記録が保存されていました。私は地元の元小学校長であった吉田達《とおる》先生にお願いして蔵に入り、『朝鮮風俗考』や『交隣須知』（朝鮮語の会話入門書）、『全一道人』（ハングルの入門書）などを夕暮れまで読みふけりました。

とりわけ私が感銘を受けたのは、芳洲が享保十三（一七二八）年十二月に書き上げ、対馬藩主に上申した『交隣提醒』でした。そこには朝鮮外交の心得が五二ヶ条にわたって綿々と書きとどめられていました。

「誠信之交と申（す）事、人々申（す）事ニ候へとも多ハ字義を分明ニ不仕事有之候（仕ざる事之有候)。誠信と申(し)候ハ実意と申(す)事ニて、互ニ不欺不争(欺かず争わず)真実を以交リ候を誠信とは申(し)候」

芳洲は、寛文八(一六六八)年に生まれ、宝暦五(一七五五)年に亡くなっていますが、この『交隣提醒』は、六十一歳の時に書いています。

十八世紀の前半に「誠信」の外交のあるべき姿を、これほどに明言した文書に出会ったことのなかった私は、眼から鱗が落ちる想いでした。私は一九九〇年の三月からアジア史学会の評議員・会長代行となり、一九九六年の九月から会長を務めておりますが、アジア地域の歴史学者や考古学者の集まりでは、必ずと言っていいほど、日本の学問の近隣諸国に対する姿勢の歪みを指摘されます。その都度、肩身の狭い思いをしてきましたが、芳洲の文書や記録と出会ってからは、「日本には十八世紀にすでに、外交の本質を明言した雨森芳洲という学者がいたのだ」と、胸を張って言えるようになりました。

「誠信の交」という言葉は、当時の朝鮮外交でもしばしば使われていましたが、芳洲はその言葉の本当の意味が知られていないとして、「実意と真実あってこその『誠信』であり、『互に欺かず争わず』」と、的確に自主対等の交わりのありようを指摘しています。

「誠信の交」を「国際化」という今の言葉に置き換えてもよいと思います。国際化、国際化と言いますが、「字義を分明に仕《つかえ》ざる事」しばしばです。そして今の「国際化」では、「互いに欺かず争わず、真実を以て交る」ことが欠落しているように思われます。一国だけが誠実でも「誠信の交」はできません。両国がお互い誠実に対応しなければならないのです。

さらに、芳洲は豊臣秀吉の朝鮮侵略を大義名分のない「無名の師《いくさ》」とみなし、「両国無数の人民を殺害せられたる事」と批判しています。

「重而之信使には大仏ニ被立寄候事、兼而朝鮮へも被仰通置御無用ニ被成可然候」

通信使が京都に宿泊した際に、秀吉が建立した方広寺の大仏に立ち寄らせるのが通例でした。それを芳洲は、その必要はないと言っています。

「一つハ日本ニ珍敷大仏有之と申事を御しらせ被成、一つハ耳塚を御見せ被成、日本之武威をあらはさるへくとの事と相聞へ候へとも、何も瓢逸なる御所見ニ候。（中略）耳塚とても豊臣家無名之師を起し、両国無数之人民を殺害せられたる事ニ候へハ、其暴悪をかさねて可申出事ニ候而いつれも華燿之資には成不申。却而我国之不学無識をあらはし候のミニ而御座候」

耳塚は、正しくは鼻塚です。秀吉が亡くなる前年の慶長二（一五九七）年の朝鮮侵略で、朝鮮側の武将の将官あるいは兵卒の鼻をもぎ取り塩漬けにして送らせました。文禄の役ではこういう残虐な行為はしていませんが、慶長の役では、言わば首実検の代わりに鼻を差し出させたわけです。さすがの秀吉も方広寺で同年の九月にその供養をしました。それを契機として、今も東山区正面通本町角に俗称「耳塚」、正しくは鼻塚があります。司馬遼太郎さんの『功名が辻』の重要人物、山内一豊も朝鮮の役に軍勢を派遣しており、その史料が残っていますが、五二二三人の鼻を切って秀吉に届けています。芳洲はこの鼻塚を通信使に見せる必要がないと進言しています。のちに朝鮮通信使が来日した時には鼻塚に囲いをするようになります。

徳川時代に、これほど鋭く秀吉の朝鮮侵略を批判した先人がいたのです。こうした雨森芳洲の学問と思想、行動を総称して、「芳洲魂」と呼んでいますが、私は芳洲の東アジア交流ハウス「雨森芳洲庵」の設立を、当時、滋賀県知事であった武村正義氏（後に「新党さきがけ」党首・大蔵大臣）に提言しました。そうして、高月《たかつき》町雨森に、昭和五十九（一九八四）年十一月三日に「芳洲庵」がオープンしました。一九九〇年に韓国の盧泰愚《ノテウ》大統領（当時）が訪日され、国会の演説で、「二七〇年前の日本には雨森芳洲という偉大な学者がいた」と評価されたことは記憶に新しいところです。

朝鮮通信使に学ぶ

侵略の歴史ばかりでなく、善隣友好の歴史もあったことは、江戸時代の朝鮮通信使の外交からもみてとれます。徳川幕府の記録や文書には、「通商の国」「通信の国」という言葉が出てきます。通商の国とは、具体的には貿易相手国であるオランダや清国（中国）です。通信の国とは、朝鮮王朝（李朝）や琉球王朝です。朝鮮王朝は、李成桂が建国した李氏朝鮮の国ですから、「李朝」と呼んでいますが、大韓民国でも朝鮮民主主義人民共和国でも、南北朝鮮を問わず現在は「朝鮮王朝」と呼んでいます。こういう考えには王朝の名称に個人名を冠するのはおかしい、という意見が根本にあります。私も李氏朝鮮などという言い方よりは、朝鮮王朝のほうがよいと思っています。

朝鮮王朝からは、慶長十二（一六〇七）年から文化八（一八一一）年にかけて十二回におよぶ使節団が日本に来ています。第八回（正徳元〔一七一一〕年）、六代将軍家宣の時の通信使の人数は五百名、対馬止まりとなった最後の第十二回（文化八〔一八一一〕年）でも三三六名を数えた通信使は、一大文化使節団と言えます。朝鮮通信使の正使、副使、従事官は三使と言い、正使は、いわゆる大使です。正使が代表団のトップを構成していました。使節団の船（二隻）は朝鮮側で造り、ルートは対馬に上陸して、厳原《いつはら》から藍島《あいのしま》（相島）を経て、それ以後は瀬戸内海を通り大坂に上陸、船で淀川を遡って京都からは陸路で彦根、摺針峠を越えて大垣、岐阜、名古屋、東海道へ出て、江戸へと向かいます。もちろん、通信使も時代によって内容が変化していますので、同じように論ずるわけにはいきませんが、第三回の寛永元（一六二四）年までは、朝鮮側は徳川幕府の招請にこたえる回答使であり、日本の偵察を目的とした「探賊」あるいは捕虜となった人たちを迎える「刷還」の目的も含めたものでした。したがって、朝鮮側では「回答兼刷還使」と記しています。第四回（寛永十三〔一六三六〕年）からは、「信」を通ずる通信使を正式に名乗り、自主対等の親善外交が行われました。

豊臣秀吉の文禄・慶長の役は韓国でも北朝鮮でも壬辰《じんしん》・丁酉《ていゆう》倭乱と呼んで、日本の朝鮮侵略と位置づけています。慶長三（一五九八）年、秀吉が六十三歳でこの世を去り、その後の関ヶ原の戦で勝利した徳川家康は慶長八（一六〇三）年に征夷大将軍となって幕府を開きます。そして、朝鮮側の松雲《しょううん》大師という高僧が、対馬を経て伏見城で家康と面談し、朝鮮侵略の戦後処理として、この通信使が始まります。

日本は第二次世界大戦の戦後処理が十分になされないまま今日に至っています。なぜ、文禄・慶長の役の戦後処理は迅速に行われたのか。善隣友好の交わりが通信使の外交として回復したのは何故か、ということを学ぶことが必要です。

余談ですが、三重県津市の八幡神社の例祭には「唐人おどり」が行われますが、かつてはそのパンフレットには、「朝鮮からの朝貢使」と書かれていました。私は訂正を求めました。朝鮮通信使は東海道を通っておりません。先ほども申したように、通信使はソウル（漢城、漢陽）から釜山、釜山から対馬を経て瀬戸内海に入り、大坂からは淀川を遡って、京都から陸路で江戸へと向かいました。京都から草津、草津から彦根へ、摺針峠を越えて中山道へ入り大垣へ出て、岐阜、名古屋へ、そしてまた東海道に入ります。今も琵琶湖の東を通る街道を朝鮮人街道と呼びます。このように朝鮮通信使が東海道へ入らず湖東の街道を通ったのを、通信使を低くみていたせいだという人もいますが、それはまったくの間違いで、この街道は御所街道とも申しまして、勅使の使う道で、将軍が京都に上洛する道でもありました。孝明天皇の妹君である皇女和宮《かずのみや》が徳川家茂《いえもち》の御台所《みだいどころ》として江戸へ向かう時に通ったのもこの道です。

朝鮮通信使の通っていない津市のあたりに、「唐人おどり」が残っているのは何故か。唐は「から」とも読み、本来は「韓人おどり」なのです。江戸へ出向いていた伊勢商人によって通信使の情報がもたらされ、こうした朝鮮通信使にちなんだ行列ができあがっていったようです。朝鮮通信使の先頭には「清道」と書いてある旗があります。もちろん「唐人おどり」にも清道旗が立てられ、正使、副使が中心です。ところが、面白いことに、服装はオランダ使節の服装をしています。オランダ使節の情報と朝鮮通信使の情報が混在して、現在の「唐人おどり」になったと考えていいと思います。オランダ使節は東海道を通っています。

通信使は、第一回から、公家・学者・文人などが漢詩・漢文によって応答・唱和していますが、第七回の頃からは民衆が盛んに通信使と触れ合うようになります。第三回からは曲馬の馬上才といった芸能団が入り、第四回からは良医（すぐれた医者）が随行しています。また、通信使には童舞の児童も加わっており、人々は通信使から童舞を習った例もありました。その好例が、岡山県牛窓の「唐《から》（韓）子《こ》おどり」と呼ばれる二人舞の童舞に残っています。五百名もの朝鮮通信使が岡山県牛窓町へ来ると泊まるところがありません。三使は本蓮寺に泊まりますが、その他の団員は民宿するわけです。そこで民衆が通信使と触れ合い童舞を教わり、それが「唐（韓）子おどり」として残ったのでしょう。

第七回の天和二（一六八二）年の通信使からは、民衆が通信使の歓迎の渦のなかに多数参加しています。「国際」という漢字の字句は、「インターナショナル」の翻訳語で、明治六（一八七三）年ころから日本で作られた漢字の熟語です。中国や朝鮮の古典には「国際」という熟語はありません。国際と言うと、国家間の関係ばかりが重視されますが、私は国際の前提には「民際」があることを、昭和四十九（一九七四）年から今日まで繰り返し申してまいりました。国際には限界があります。国家意志を代表して権力を行使する政治家は国境を守らなければならない、国益を損なってはならないのは当然のことです。民衆間の交わりこそ国際を内実化させると、私は考えます。

昭和四十九年、京都市と中国の西安市（陝西省の省都）は友好都市の締結をしました。私は、はからずもその代表団のメンバーに、学者として選ばれて中国へまいりました。当時は直行便はなかったので、香港から汽車で広州、広州から北京、北京から西安へと、まだ「批林批孔（林彪と孔子および儒教を否定し、批判する運動）」の文化大革命の真っ最中でしたが、行く先々で民間の人々の歓迎を受けました。政府要人との交流も大事ですが、民衆の交わりがいかに大事であるか、特に自治体外交の重要性を痛感しました。

朝鮮通信使の外交には「民際」がありました。幕府や各藩は民衆が通信使と交わることを禁じたお触れも出していますが、それを乗り越えて民衆が歓迎の渦に入っていることに、私は感動を覚えます。

おわりに

国際的に難問が山積している今日、朝鮮通信使の善隣友好に学ぶべき事柄はたくさんあります。通信使の交わりこそ、約二百年にわたる両国の自主対等の善隣友好であったと言えます。二〇〇七年は、一六〇七年の第一回通信使から数えてちょうど四百年にあたり、全国各地で通信使をめぐるイベントが開催されました。通信使の立ち寄った市町村のゆかりの地では、緑地連絡協議会がつくられ、対馬から静岡そして日光に至るまで、全国各地で活動が展開されています。さらに、韓国でも通信使に関する研究会が組織され、講演会やパレード、さらに通信使研究の学術誌が発行されました。

私たちは、通信使という善隣友好の歴史に学び、新しい視角と展望をもって、二十一世紀の日韓関係に活かしていくべきであると思っております。

松雲大師の存在と役割

通信使の再発見

日本列島と朝鮮半島との歴史的関係は、すべての時代にわたって、常に友好的関係にあったのではない。たとえば壬辰（一五九二年）・丁酉（一五九七年）を中心とする豊臣秀吉らの朝鮮侵略、あるいは一八七五年の江華島事件をはじめとする明治政府の朝鮮侵略政策と韓国併合など、そこには不幸な時期があった。

しかし、たとえば日本の飛鳥文化の時代における百済・高句麗・新羅との密接な関係、あるいは渡来の人びとが日本の文化の成立にはたした大きな役割、さらには奈良県明日香村のキトラ古墳や高松塚古墳の壁画に象徴される白鳳文化のありようなどをかえりみても、日本列島と朝鮮半島との友好の歴史の姿をはっきりみいだすことができる。

二〇〇七年は一六〇七年の朝鮮王朝からの回答兼刷還使（第四回より通信使）の来日から数えて、意義深い、四百年の記念すべき年にあたっていたが、第一回（一六〇七年）から第十二回（一八一一年）までの善隣友好の歴史は、日韓・日朝関係における「誠信」の光として、不幸な歴史の影を照射する。中途半端に光を照射してはならない。なぜなら、中途半端に光を当てれば、影は消えないばかりか、かえって長くなるからである。

善隣友好の朝鮮通信使を現在改めて検討する歴史的意義については、少なくともつぎの三点をみのがしてはならないと考えている。

第一は、一六〇七年の朝鮮通信使の来日は、壬辰・丁酉の倭乱の戦後処理としてはじまったことである。日本は第二次世界大戦終了後、すでに六十数年、戦後処理を充分に果たさないいまま、現在にいたっている。一九四六年の五月三日からはじまった極東国際軍事裁判（東京裁判）は、一九四八年の十一月十一日、東条英機元首相ほか二五名の被告に有罪判決を下したが、それは連合国による勝者の側からの判決であって、日本の国民みずからが、侵略と植民地支配、そして戦争の責任を問うことのないまま、今日にいたっている。

インドのラダビノド・パール判事は、無罪を主張したがそれは通例の戦争裁判ではなく、事後法であるあらたな「平和に対する罪」および「人道に対する罪」を東京裁判に適用することを問題としての「無罪」の主張であった。それは、パール判事みずからが、満洲国の建国を例として「日本帝国主義は、西欧諸国の植民地支配を倣《ま》ねて、満洲を武力によって獲得したのである。この願望は、明治時代の初期から、日本人の心の中のひとつの固定概念になった」、と述べているのにも明らかである。第二は朝鮮通信使の実相が、あやまれる「鎖国史観」を問い正すことである。江戸時代といえば、しばしば、「鎖国」の時代といわれてきたが、それは史実ではない。

寛永十二(一六三五)年の五月、徳川幕府は日本の異国への渡航禁止、日本人の海外渡航と帰国(日本在住の中国人を含む)の禁止、キリスト教の禁圧および貿易統制など十七ヶ条を通達したが、これを「鎖国令」と称したり、あるいは寛永十六(一六三九)年の七月ポルトガル船の来航禁止をポルトガル船に通告して帰国させたことをもって、「鎖国の完成」と呼んだりするのも、歴史の実相とかけはなれている。

まず第一にその通達や通告に「鎖国」という用語は一切使われていないし、当時これを「鎖国」と表現した例もない。そもそも「鎖国」という言葉を使用したのは、長崎の通詞(通訳)であった蘭学者の志筑忠雄であって、エンゲルベルト・ケンペルの『日本誌』のなかの一章を「鎖国論」と題したのに始まる。時は享和元(一八〇一)年であった。これ以後「鎖国」の用語が流行することになる。

実際にオランダや清(中国)との間では交易があり、朝鮮や琉球との間には通商ばかりでなく、外交関係もくりひろげられていた。したがって徳川幕府の記録や文書には、朝鮮王朝や琉球王朝を「通信の国」、オランダや清を「通商の国」と記すのである。

江戸時代に江戸入りした外国使節は、前述の朝鮮通信使だけではない。たとえば寛永十(一六三三)年から始まるオランダ商館らの江戸参府があり、寛永十一(一六三四)年からの琉球使節の江戸参向もあった。

第三は徳川幕府や各藩が朝鮮通信使と日本の民衆とのまじわりを、たびたび禁じたにもかかわらず、第七回のころから日本の民衆が直接に通信使とのまじわりをもったことである。国際という用語は明治六（一八七三）年の頃からインターナショナルの翻訳語として登場する。国家と国家の関係はもとより肝要だが、国家の代表者には、国家意志の利害が必ずつきまとうと、当然そこには制約があり、限界が生じる。私は一九七四年のころから国家や民族のイデオロギーを越えた民衆相互のまじわりを「民際」とよんできたが、朝鮮通信使をめぐる民衆参加の輪は、私のいう民際の先駆といってよい。

岡山県牛窓の唐子おどりとよばれている二人舞の童舞や三重県津市や鈴鹿市の唐人おどりなどは、その反映といってよい。牛窓に到来した通信使の三使（正使・副使・従事官）らは、牛窓の本蓮寺に宿泊したが、通信使の多くは民宿し、人びととは通信使から童舞を習得したのである。通信使は草津から彦根へ、摺針峠をこえて、大垣から名古屋に入り、伊勢の鈴鹿や津は通っていない。それなのになぜ清道旗や三使などに倣った祭礼行列がいまも行われているのか。江戸におもむいていた伊勢商人が、通信使行列の情報をもたらしたことが大きく作用した。清道旗や三使などの装いは通信使のものだが、服装は鈴鹿から津を通ったオランダ使節のそれに類似する。

松雲大師の役割

徳川幕府と朝鮮王朝の国交回復にはさまざまな努力がなされたが、第一回の朝鮮王朝からの回答兼刷還使の来日実現に大きく寄与したのは、すでに多くの研究者によって指摘されているように、一六〇四年の松雲大師と録事孫文彧《そんぶんわく》の派遣であった。その派遣の目的は、朝鮮との交易の早期再開を求めつづけてきた対馬に対して、国法を遵守することを条件に、釜山での交易を許可し、あわせて捕虜の送還を促進することにあった。そして、いまひとつの目的には「倭情」の「探索」があった。

近々に釜山での交易を許可するという「対馬開諭書」の手交は、一六〇八年に朝鮮と対馬との間で結ばれた己酉条約によって実現する。一五九八年の六月、豊臣秀吉は六十三歳で歿し、一六〇〇年の七月関ヶ原の戦いに勝利した徳川家康は一六〇三年の二月に征夷大将軍となって開幕していた。この徳川家康らの態度が講和か再侵かの意向をたしかめ、日本の国内の情勢を正確に察知することは、朝鮮王朝にとっての重要な課題であった。

壬辰・丁酉の倭乱に、義僧兵を率いて日本の侵略軍と勇敢に戦い、加藤清正とも直接に四度にわたる講和の会談を行ない、また西山大師の高弟で、高名な僧の松雲大師は、その困難な課題を担当するにふさわしい人物であった。徳川家康が壬辰・丁酉の倭乱でどのような態度をとり、豊臣秀吉の没後、家康がどのように再侵から講和へと姿勢を変えていったか、そのプロセスについては、仲尾宏氏の「徳川家康と朝鮮・試論」(『朝鮮義僧将・松雲大師と徳川家康』明石書店、二〇〇二年)の注目すべき考察があるが、松雲大師らの対馬派遣の背景に、明が朝鮮と日本の交渉を朝鮮に委任した状況のあったこともみのがせない。

対馬藩主宗義智と面談した松雲大師は、徳川政権に、「誠心」があるのであれば、明の皇帝に奏上し、講和に応ずることを述べた。そこでただちに対馬藩の重臣柳川調信が江戸へ派遣されて、家康に松雲大師の意向を伝えた。

こうして家康と松雲大師との会見が具体化に向い、松雲大師らは一六〇四年十二月二十七日に入洛して本法寺で待機することになった。すでに『鹿苑日録』・『通航一覧』・『朝鮮通交大紀』などによって論証されているように、家康は一六〇五年の二月十九日（または十八日）に伏見城に入り、三月四日に松雲大師らと「謁見」した。家康の重臣本多正信・相国寺の高僧西笑承兌にも松雲大師は意見を開陳したにちがいない。

松雲大師らと徳川家康らの面談は、徳川政権と朝鮮王朝との講和のスタートとなり、宗義智・柳川調信への加増、対馬藩の参勤交代は三年に一度となった。宗義智と松雲大師らは三月二十七日に京都を出発して、四月十五日に対馬に帰島した。そして松雲大師の帰国に前後して被虜の人びと、一三九〇余人の刷還が実現した。そのおりの刷還に要する「兵糧米」は、対馬藩から幕府に申請して、家康の朱印状交付を願いで、幕府から兵糧米が給付されていることもみのがせない。

その後も「家康先爲国書」・「王陵犯人縛送」問題をめぐる偽作・偽送などの障害はあったが、ついに一六〇七年一月十三日に漢城府を出発した第一回の回答兼刷還使の正使呂祐吉らは対馬に渡り、宗義智や柳川景直・僧玄蘇を先導として、江戸へと入った。

松雲大師の京都滞在中の三月二十一日からつぎの将軍となる秀忠入洛の見物を、家康は松雲大師に要請していた。松雲大師らはすでに将軍の後継が秀忠であることを承知していたにちがいない。実際に同年の四月十六日、家康は将軍職を秀忠に譲った。登場した正使らは、秀忠との「謁見」、江戸城での国書の伝令（聘礼）が執行された。家康との駿府での会見があったのは、江戸から帰路の一六〇七年五月二十日のことであった。

家康と秀忠による二元外交のなかではあったが、松雲大師の周到な言動を前提として、徳川政権と朝鮮王朝との国交回復が軌道に乗ることとなったことは多言するまでもない。

ふたりの偉大なる先人

松雲大師の生涯を述べた文章のなかで感動する一節がある。

「丙戌、沃川山の上、東菴に到る。一夜にわかに雨ふり、庭花尽《ことごと》く落つ。惟政忽ち無常を悟り、門人を招いて之に語りて、曰く『昨日開花今日空枝、人世の変滅亦復た是の如し、浮生蜉蝣《ふゆう》（かげろう）の如く虚しく、光陰を変る。実に矜悶となす。汝等各霊性を具ふ。蓋いで交わって之を求めて以て一大事を了せざるか』」（『金石摠覧』）。

清廉高潔の高僧松雲大師の面目躍如たるものがある。人世の無常と無情。そのなかの霊性への自覚と人生の一大事への決意。決死の義僧将となり、覚悟の講和使命の貫徹。そこにはいまのわれわれも学ぶことが多い。壬辰・丁酉の倭乱の禍の反省なくして「対等抗乱」のまじわりはありえない。

私が朝鮮通信使の問題に関心を抱くようになったのは、一九六八年の秋からである。中央公論社からの「日本の名著」シリーズで桑原武夫先生と『新井白石』（一九六九年六月刊）を担当することになってはじめて滋賀県高月町の雨森の調査に訪れた。白石がその自叙伝『折たく柴の記』で、対馬藩の儒者雨森芳洲を「対馬国にありつるなま学匠」とライバル視していることを知ったからである。

新井白石ほどの碩学が、木門の五先生の一人であるとはいえ対馬の藩儒芳洲をこれほどになぜライバル視しているのか。その点を確かめるために雨森芳洲の生まれ故郷へおもむいたのである。当時は保育園のそばの蔵に、芳洲の記録や文書が保管されていた。『朝鮮風俗考』・『交隣須知』・『全一道人』など、朝鮮にかんする著作をひもといていくうちに、芳洲が享保十三（一七二八）年の十二月にまとめて、対馬藩主に上申した『交隣提醒』と出会った。五二項目にわたって、朝鮮王朝との交隣の心得が書きとどめられていたが、そのなかに「耳塚（鼻塚）とても豊臣家無名之師を起し、両国無数之人民を殺害せられたる事ニ候へバ、其暴虐をかさねて可申出事ニ候而、いづれも華燿之資には成不申、却而我国之不学無識をあらはし候のミニ而御座候」と記す一節に深く感動した。

十八世紀の前半にこれほどの識見を有した先学が実存したのか。それは驚嘆のきわみであった。後でわかったが、最初からこうした識見を芳洲が保有していたのではなかった。かつて、一七一九年の朝鮮通信使に随行した申維翰《シンユハン》が『海游録』に述べられているとおり、享保四年の通信使来日のさいには、方広寺大仏への参詣を通信使に強要した芳洲は、『日本年代記』を持参して説得につとめている。その態度は申維翰をして「雨森東は狠人」といわしめたほどであった。時に雨森芳洲五十二歳であった。

それから九年たった六一歳のおりには、

「一、重而之通使には大仏ニ被立寄候事、兼而朝鮮へも被仰通置御無用ニ被成可然候。其訳ハ委細享保信使之御記録ニ相見へ候。明暦年日光へ参詣仕候様ニと被仰出候ハ御廟制之華美を御見せ可被成との事と相聞へ、大仏ニ被立寄候様ニとの事も、一つハ日本ニ珍敷大仏有之と申事を御しらせ被成、一つハ耳塚を御見せ被成、日本の武威をあらはさるへくとの事と相聞へ候へとも、何も瓢逸なる御所見ニ候。廟制ハ節倹を主といたし候故其楹ニ丹ぬり其桶ニ刻候事、春秋ニそしられ候へハ、御廟制之華美朝鮮人の感心いたらすへき様無之。仏之功徳ハ大小ニよるましく候処ニ、有用之財を費し無意之大仏を被作候事是又あさけり候一端ニ而」（『交隣提醒』）

と明確に批判するようになる。そして、

「一、誠信之交と申事、人々申事ニ候へとも多ハ字義を分明ニ不仕事有之候。誠信と申候ハ実意と申事ニて、互ニ不欺不争真実を以交リ候を誠信とは申候。」（同）

と明言するにいたるのである。国書の改竄など、さまざまな偽計・偽装はあったが、朝鮮通信使による善隣友好のまじわりは、回を重ねるごとに深まっていった。この偉大なふたりの先人の思想と行動が改めて今の世によみがえってくる。

朝鮮通信使と雨森芳洲

通信使の変遷

慶長十二（一六〇七）年から文化八（一八一一）年まで十二回にわたって来日した朝鮮通信使は、江戸時代における日朝関係を豊かにいろどったばかりでなく、日本と朝鮮王朝の友好の歴史に注目すべき成果をあげた。徳川幕府と朝鮮王朝との修好のみにとどまらず、朝廷・各藩大名・学者・文人との交流はもとよりのこと、とりわけ第七次（天和二〔一六八二〕年）のころからは、通信使と民衆とのまじわりがさかんとなった。「役人の外、朝鮮人と入交る間じき事」とする掟をのりこえての私のいう「民際」交流が具体化する。

もっとも朝鮮王朝の側からすれば、第一次（慶長十二年）・第二次（元和三年）・第三次（寛永元年）の第三回までは、徳川幕府の遣使と送書の要請にたいする回答使であり、壬辰・丁酉の倭乱（文禄・慶長の役）のおりの俘虜刷還のための刷還使《さつかんし》であった(1)。そして第四次（寛永十三年）・第五次（寛永二十年）・第六次（明暦元年）には通信使の日光遊覧、東照宮・大猷院霊廟祭儀があったけれども(2)、それ以後は中止、あるいは新井白石の正徳の治のひとつとしてあげられる通信使の応待にかんする「改変」や第十二次（文化八年）には、幕府が将軍の使者を対馬におもむかせて応接するという易地聘礼など、その十二回の期間には時期による差異があった。

さらに朝鮮通信使は一大文化使節団でもあったが、曲馬上演の馬上才は将軍家光の求めで行なわれたのがそのおこりだが、第七次からは「曲馬上覧」が恒例化し、良医の参加も第七次からというぐあいにその内容にも変遷があった。しかも通信使外交の目的じたいに江戸幕府と朝鮮王朝とではそれぞれにちがいがあった(3)。

したがって朝鮮通信使を一括して類型的に論ずるわけにはいかないが、二〇〇七年が通信使の第一回来日から数えて四百年を迎えるのを機会に、改めてその意義をかえりみることは、現在そして未来の日本と朝鮮半島とのあるべき関係を照射するのに大きく寄与する。

私が朝鮮通信使の研究にとりくむようになった昭和四十三（一九六八）年のころとくらべると、通信使にかんする考察は飛躍的に前進してきたが、たとえばなぜ朝鮮通信使が、一八一一年で終らざるをえなかったのか、その終焉の歴史的背景などの究明はなお不充分である。

朝鮮方佐役の役割

江戸時代を「鎖国」の時代とみなす誤れる「鎖国史観」は、いまもなお根強いが、すでに指摘したとおり、[4] 寛永十二（一六三五）年五月の日本人の海外渡航禁止などの通達を「鎖国令」とよんだり、寛永十六年七月のポルトガル船の来航禁止の通告をその帰国をもって「鎖国の完成」とみなす見解を支持するわけにはいかない。まず第一にその通達や通告に「鎖国」という用語は一切使われていないし、当時これを「鎖国」と表現した例もない。

そもそも「鎖国」という言葉を使用したのは、長崎の通詞（通訳）であった志筑忠雄が、エンゲルベルト・ケンペルの『日本誌』のなかの一章を「鎖国論」と題したのにはじまる。実際にオランダや清（中国）との間では交易があり、朝鮮や琉球とは通商ばかりでなく外交関係もくりひろげられていた。したがって徳川幕府の文書や記録でも、前者を「通商の国」、後者を「通信の国」と記すのである。

朝鮮王朝の修交のプロセスにあって、もっとも注目すべき人物のひとりに雨森芳洲がいる。雨森芳洲については、これまでにも再三論究してきたので、[5] ここでは補完すべき若干の問題点を言及することにしたい。

すでに泉澄一氏が論証されているように、[6] 芳洲の生涯は対馬藩の奥勤の儒者であった。二十二歳の時に対馬藩に仕えることとなり、二十六歳のおりに対馬に赴任し、三十一歳で朝鮮御用支配方（朝鮮方）の佐役（補佐役）を兼任したが、この朝鮮方とは、幕府・他藩や朝鮮にかんする書状や文書を扱う書札方や、表向諸役の書状や文書を扱う表書札方とは異なり、朝鮮王朝との通交にかかわる故事先例あるいは慣例などを項目別にわけて、書抜帳を作成することを主たる任務とする役職であった。朝鮮方であるから直接に朝鮮王朝との外交を担当したと速断することはできない。

芳洲は第八次（正徳元年）・第九次（享保四年）の朝鮮通信使来日のおりには、対馬から江戸へ江戸から対馬へと、真文役として通信使に同行して活躍したが、第九次の製述官であった申維翰が、芳洲を「記室」として述べているように（『海游録』）、朝鮮外交の文書や記録に関係するその職名は朝鮮方の真文役であった。

五十四歳で朝鮮方佐役を辞任したあと、本来の儒者としての任務に専念するが、五十七歳となって藩主と年寄・諸役との間をとりもつ御用人に任じられた。御用人を免じられたのは六十一歳のおりであり、六十二歳から翌歳にかけては「公作米年限裁判」役として釜山の倭館におもむいている。

二十五歳の十二月から翌年にかけて、さらに二十九歳の時というように、再度長崎に留学して唐音（中国語）などを学習し、三十五歳・三十六歳から翌年、ついで三十八歳に釜山へ「学文稽古」のために渡海、正徳元（一七一一）年の五月には朝鮮通信使聘礼の「改変」を伝達するために朝鮮へ派遣されている。こうした芳洲の経歴をかえりみただけでも、芳洲の本務は対馬藩の奥勤の儒者であったが、雨森芳洲がたんなる藩儒でなかったことは明らかである。

芳洲の学問と思想

私が雨森芳洲と朝鮮通信使に関心をいだいて研究にのりだしたのは、昭和四十三（一九六八）年の秋からであった。中央公論社の「日本の名著」シリーズのひとつ『新井白石』を桑原武夫先生と一緒に担当することになって、はじめて滋賀県高月町の雨森を調査のために訪れた。新井白石はその自伝『折たく柴の記』のなかで、対馬の藩儒雨森芳洲を「対馬国にありつるなま学匠」と書いている。白石ほどの碩学が、芳洲をなぜライバル視しているのか。当時は保育園のそばの蔵に、芳洲先生の文書や記録が保存されていた。『朝鮮風俗考』・『交隣須知』・『全一同人』などを夕暮れまでひもといた。なかでも享保十三（一七二八）年の十二月、芳洲が六十一歳のおりに藩主に上申した『交隣提醒』に感動した。

そこには五二項目にわたる朝鮮外交の心得が述べられている。「朝鮮交接の儀は、第一人情事勢を知り候事肝要にて」からはじまるこの文書の随所に朝鮮外交をめぐる卓見が明記されていた。その文書は朝鮮方佐役として蓄積された知識や第八次・第九次の朝鮮通信使と同行した体験、再三の釜山への「学文稽古」のみのりなどが反映されている上申書であった。たとえば豊臣秀吉らの朝鮮侵略を「無名の師《いくさ》（大義名分のない戦争）」と断言し、「誠信の交《まじわり》と申す事人々申す事に候へども」、誠信本来のありようをわきまえていないと指摘して、「誠信と申し候は実意と申す事にて、互に不ㇾ欺不ㇾ争、真実を以て交り候を誠信とは申し候」と明言されていた。その声がわが胸にこだました。しかも「互に欺かず争はず」と「互に」が強調されている点もみのがせない。

この言葉はいま流行の「国際化」という言葉にそのままあてはまる。「国際化」、「国際化」というけれども、「字義を分明に仕《つか》まつらざる事」しばしばである。そこでは「互いに欺かず争はず、真実を以て交《まじ》わる」ことが欠落している。

寛文八（一六六八）年に生まれた東五郎（芳洲）のふるさとは、近江国伊香郡雨森であった。はじめ医学をこころざしたが、「人を費《つい》やす」医学よりも、「人をつくる」儒学を学ぶようになり、十八歳のころ江戸にでて木下順庵の雉塾に入門する。後に幕閣の儒者となった新井白石とは、第八次の通信使の処遇や金銀の海外輸出制限などをめぐって意見を異にすることとなるが、白石は芳洲より十一歳年長であったけれども、雉塾への入門は白石より芳洲が早い。世に木門の五先生として白石と芳洲はそのなかに加えられてはいるが、芳洲の知名度は新井白石にはおよばなかった。

しかし朝鮮に対する認識は、芳洲の方が新井白石よりもはるかに広くかつ深い。書斎のなかで学問を説いたのではなく、再三玄界灘を渡って釜山へおもむき、また実際に第八次・第九次と二度にわたって朝鮮通信使と行をともにし、直接に朝鮮の人びととふれあって、「誠信の交」を実践した。

その学問はたんなる儒学ではなかった。朝鮮・中国との修好を視野におさめての「東アジア学」であった。『交隣提醒』のなかでも、外交の心得として外国のことを知るだけでなく、自国のこともよく知っておかねばならぬことを諄々《じゅんじゅん》と説いているが、芳洲自らが日本の古典にも精通していた。そして宝暦五（一七五五）年対馬の日吉でなくなる八十八歳のおりまで、日本の古典を探究した。八十一歳の時に『古今和歌集』の「千遍読み」と和歌一万首の詠草をこころみる。八十四歳の七月に「千遍読み」を終わり、翌歳には一万首の歌づくりを達成し、その後も詠草をつづけた。『芳洲詠草』（全十六巻）には約二万首の歌が収められている。晩年改めて『万葉集』の研究にとりくんでいたことも軽視できない。

「国際化」には、相手の国の歴史や文化を熟知するにとどまらず、みずからの国の歴史と文化をしっかりと学習しておかなければ、受信のまじわりはできても発信のまじわりはできない。「誠信」の外交にアイデンティティがいることとは、第九次の朝鮮通信使製述官申維翰《シンユハン》と雨森芳洲との論争、たとえば朝鮮の文集に「倭賊、蛮酋」と称するのを芳洲が批判し、申維翰が貴国人（日本人）が「我を呼ぶに唐人」というのを論難しあっている論争のひとこまにもうかがうことができる（『海游録』）。

芳洲の先見性は、享保十二（一七二七）年の九月に、対馬藩が「韓語司」（朝鮮語学校）を開設したのにもみいだされる。これは再三再四におよぶ芳洲の建議によるものであった。「韓語司」は対馬府中の以酊庵（現西山寺）の下にあった「御使者屋」（通信使の宿館）の「次の間」二室が充当されたという。「韓語司」出身の通訳が朝鮮通信使のみならず、慶応二（一八六六）年までつづく対馬藩の対朝鮮外交で活躍したことは多言するまでもない。

雨森芳洲には『隣交始末物語句解』のなかで「神功皇后三韓征伐」を肯定するような言説の限界もあった。しかし十八世紀の前半において、芳洲ほど朝鮮を理解し、「誠信の交」を実践した人物はほかになかった。[7]「芳洲魂は不滅」といってよい。

（1）俘虜刷還の交渉は第六次までつづいている。
（2）日光参詣が将軍の権威が確立した寛永年間と四代家綱の明暦元年のおりのみであったことはみのがせない。
（3）上田正昭「朝鮮通信使の歴史的意義」（『朝鮮通信使』明石書店、一九九五年）。
（4）上田正昭「現代に生きる朝鮮通信使」（『古代日本の輝き』付篇、思文閣出版、二〇〇三年）。
（5）『江戸時代の朝鮮通信使』（毎日新聞社、一九七九年）の「朝鮮通信使と雨森芳洲」（補訂『上田正昭著作集』第六巻所収）ほか。雨森芳洲の評伝については「ミネルヴァ日本評伝選」のなかで改めて考察する予定である。
（6）泉澄一『対馬藩藩儒雨森芳洲の基礎的研究』（関西大学出版会、一九九七年）。
（7）芳洲魂に共感した私は、当時滋賀県知事であった武村正義氏に提言し、一九九四年の十一月三日に高月町雨森の東アジア交流ハウス雨森芳洲庵がオープンした。

日本の国際化と在日コリアン文化

国際化・情報化・高齢化・科学技術の高度化・価値観の多様化

国際化・情報化・高齢化は、日本のみならず世界の多くの人たちが使う流行語になっていますが、二十世紀末、あるいは二十一世紀初めの問題を考えるとき、この三つの言葉のほかにさらに二つの言葉が必要なのではないかと思っています。

その一つは「科学技術の高度化」——科学技術がますます高度化していき、科学技術中心の世界になっていくということです。もう一つは「価値観の多様化」——年輩の方が正しく尊いと思っていることが若者たちにとっては必ずしもそうではないという現象が、現実に世界各地で起こっているということです。国際化・情報化・高齢化・科学技術の高度化・価値観の多様化、これらが今世紀末を特徴づけているし、二十一世紀前半はそのような時代になるのではないかと考えられます。

これらの問題について、まず国際化・情報化について私がどのように考えてきたかを申し上げたいと思います。国際化・情報化が進むということは、それなりに評価すべきことですが、手放しで喜ぶわけにはいかないというのが私の考え方です。

情報化のほうから申しますと、たくさんの情報が発信され多くの人間がそれを受けるわけです。情報はまさに氾濫しているわけです。しかし、その情報には正確なものもあれば、たいへん誇張されたものもあります。例えば、『朝日新聞』と『毎日新聞』あるいは『読売新聞』『産経新聞』が報道する記事は決して同じではないのですね。同じなら一つの新聞でよいわけです。

私もいわゆる全国紙を三紙と、地元の『京都新聞』を毎日読んでいます。まず、ウエイトの置き方が違いますね。それぞれどこを重点に報道するかということが、各新聞社の編集方針によって異なります。中には誇張された報道もありますし、場合によってはなんらかの都合で――場合によっては、政府やある特定の企業に都合が悪いということで――非常に大切だと思われる情報が報道されないこともあるわけです。ですから、情報が豊かになることは非常にすばらしいことですが、読み手・聴き手などに情報を判断できる機能が伴わない受け身の情報化社会には問題があると私は思っています。ラジオやテレビでもほぼ同様です。

国際化という言葉はバラ色のイメージで使われていますが、私はこの言葉には、かねがね疑問を抱いています。なにも急に考えたのではありません。すでに十数年前に、ある新聞の求めに応じて「国際化とは何か」ということについて書いたことがあります。国際化が進めば進むほど民族の対立や摩擦が激化する場合もあるということです。国際化が進めば国々が仲よくなり民族と民族が親しくなるというのは幻想ではないのかという考えが、私の中に根強くあります。

それはなぜかというと、「国際」というのはインターナショナルの日本語訳で、国際化という漢字からは国家と国家との交流であるというイメージが強いのですが、国家というものは民族を前提にして成り立っています。決してまず国家があって後で民族ができたわけではないのです。これは、世界のあらゆる歴史をお考えいただいたらおわかりになると思います。国家の大前提には、民族がある。言葉の揚げ足取りのように聞こえるかもしれませんが、「国際化」の前提には「民族際化」が必要ではないか。民族どうしの交流が主体にならないと具合が悪いのではないかと考えているのです。

例えば、ご承知のようにソビエト連邦は十五の民族から成り立っていました。そしてバルト三国に象徴されるように、現に連邦国家から離脱しようという動きがあります（現実に独立した）。ソビエト政府の民族政策にも問題はありますけれども、十五の民族を前提にして連邦が存在していたのであってその逆ではないのですから、民族意識が高まってくれば連邦から離脱しようという動きが出てくるのは当然です。中華人民共和国は五十四の民族によって成り立っていますが、中国においても民族問題が大きな課題になっています。実際にチベット族やウイグル族の動向が中国政府にとって大きな政治的課題になっているわけですね。東西ドイツは驚くべき勢いで統一が具現しました。しかしそこには決して喜んでばかりいられないような問題があります。

本日のテーマである在日韓国・朝鮮人のみなさんにとっての南北統一問題も、国家の枠組みのみでまず考えるべきではなく、その大前提には民族が存在しているわけですね。朝鮮民主主義人民共和国と大韓民国の前提に民族がある。同じ民族だから「南北を乗り越えて」といい得るのです。ですから、国際化には――言葉としては、それでもいいのですが、実態としては、民族際化という視点を失ってはならないのではないかと考えます。

それだけではありません。国家と国家の交流ということになりますと、国家はそれなりの国家意志をもっているわけですから、国家を代表し権力をもっているみなさんが国家意志やいわゆる国益に制約されるのは当然のことです。そして、国家意志を代表する人たちは、永久に存続するものではなく必ず変わります。いつまでもゴルバチョフ政権が続くと思ったら大間違いで、早晩ゴルバチョフさんは次の後継者に変わられるでしょう（実際に交替した）。イギリスのサッチャーさんもついに辞退表明をされましたし、中国の鄧小平さんがいつまでも健在だというわけにはいきません（一九九七年死去）。つまり、国家と国家の交流ということだけでみてもわかるように、国家意志、あるいは国家意志の代表者による交流というものは、制約があり不安定です。

したがって私は、自治体の交流を非常に重視しています。例えば、日本と中国との間では田中角栄さんが中国を訪問し国交を回復しましたが、京都市はそれよりも早く中国の西安市との間で友好都市の締結をいたしました[1]。国家の支配者ではなく人民どうしが、つまり京都市民と西安市民が友好都市の締結をしたのです。当時の京都市の船橋市長も西安市人民革命委員会主任の張先生も、もうこの世を去っておられますが、市民どうしの友好は続いています。つまり私は、民衆サイド・私のいう民際が民族サイド・私のいう民族際の前提として大切であると考えておりますので、手放しで国際化を礼讃するわけにはまいりません。言葉は、国際化でもよいのですが、国家間の交流のみに重点があるような国際化だけではその内実化は実現しないと考えているということをまず申し上げたい。

日本人が単一民族であるという錯覚

一九八六年に、当時総理大臣であった方がアメリカの知識水準について発言されました。アメリカには黒人やプエルト・リコ人がいて知識水準は低い。一方、わが日本は単一民族であって優れているのだと。これは、国際化に逆行する反国際化発言ですね。また、当時大蔵大臣であった方の黒人のみなさんに対する、たいへん恥ずかしい発言もありました。一九九〇年にも、日本の法務大臣が九月二十一日の記者会見で、いわゆる難民のみなさんが――難民という表現にも私は大変疑問をもっているのですが――新宿で就職していろいろ活動しておられるのを見て、アメリカに例をとって「黒が白を追い出す」という偏見にもとづく発言をされました。

「国際化、国際化」と言いながら、政府首脳の方々が反国際化発言をしておられるわけです。このことだけを取り上げてみても、いわゆる国際化の内容が、いかに言葉だけでなかみが空回りしているかがわかるのではないでしょうか。もちろん、これは総理大臣や大蔵大臣・法務大臣だけの責任ではなくて、そういう議員を選んでいる日本人の責任でもあり、ただそれらの発言のみ批判するという傍観者的な態度だけではすまない問題だと私は思っています。

そのような反国際化発言が出てくる理由の一つとして、日本国民の中には、まだまだ日本国は単一民族で構成されているという錯覚が存在しているわけです。歴史学・考古学・人類学が積み上げてきた研究成果をもうちょっとだけでも学んでほしいと思うのです。それは、われわれにも責任がある。私などは歴史学の成果に学んで、「日本民族は複合民族で単一民族ではない」と繰り返し言ってきたのですが、まだ日本全体にその認識が広がっておらず、少数意見にとどまっています。

日本のジャーナリズムが大々的に報道してみなさんもよくご存じの佐賀県吉野ヶ里遺跡は、これまでに発見されたなかでも最大級の弥生時代の環濠集落であることは間違いありません。したがってあの遺跡は貴重です。私も、二回現地視察に参っておりますが、あそこでは三千を越える甕棺墓《かめかんぼ》が出土し、現在のところ、約三百体の弥生時代の人骨がみつかっています。長崎大学の先生方の中間報告によれば、その人骨の多くは渡来型です。縄文時代に日本列島に住んでいた人と、外から——とりわけ朝鮮半島などから——渡ってきた人とでは、身長や頭蓋骨の大きさ、額の大きさ、顔の凹凸などに違いがあります。このような違いは、食べ物の変化や気候の変化だけで変わるものではありません。弥生時代に吉野ヶ里に住んでいた人たちの人骨分析一つをご覧になりましても、日本に渡来した人たちが住んでいたこと——もちろん、縄文時代以来の人たちも住んでいたわけですが——、つまり日本民族=単一民族説がいかにいい加減なものであるかということがおわかりいただけると思います。

これは、最近言い出されたことではなくて、一九一〇年代から日本の学者も、日本民族が単一民族ではないと言ってきました。たとえば喜田貞吉《きたさだきち》先生は「日本民族接木論《つぎきろん》」を提唱されました。喜田博士は、京都帝国大学教授で部落問題・蝦夷・アイヌ問題、不充分でしたが朝鮮問題も研究されました。京都帝国大学の教授になる前は、三高、東大を経て、教科書図書審議官になられました。

一九一一年二月、南北朝正閏《せいじゅん》問題[2]で、南朝の忠臣である菊池氏の子孫菊池男爵が、時の帝国議会貴族院で喜田先生執筆の教科書について糾弾演説をし、結局、先生は休職処分になりました。当時は水戸学の影響から南朝正統論が主流でしたから、喜田先生が客観的に南朝も北朝もお書きになったのが問題になったわけですね。現在の天皇家は北朝ですから南朝正統をあまり強調すると都合が悪いという傾向もありました。明治政府の自己矛盾ですね。帝国議会で、いわば「国賊喜田貞吉」とみなされて休職処分にされた、この喜田先生を京都帝国大学が専任講師（後に教授）として迎えたわけです。当時の京大の見識を示していますね。この喜田先生は法隆寺再建論争[3]でも真っ先に、まだ法隆寺に行ってもおられないうちに再建を主張されました。論争が始まってから法隆寺を見に行くという、たいへんユニークな先生でした。

喜田先生の研究の最も大きな柱は民族史の研究でした。先生の考え――たとえば民族の概念には問題があるのですが――日本民族は朝鮮半島から渡来した「天つ神族」と土着の「国つ神族」から成り立っていて、南方系と北方系の接《つ》ぎ木であるというものでした。先生の有名なこの説は――私が勝手に命名しているのですが――「日本民族接木論」ともいうべき見解です。

先生が主宰された個人雑誌（『民族と歴史』のちに『社会史研究』と改題）があり、一九一九年一月に創刊号が出ましたが、その巻頭論文「日本民族とは何ぞや」においても、天つ神族は高句麗・百済系の扶余《ふよ》族であるとはっきり書いておられます。後に江上波夫先生はよりスケールの大きい騎馬民族征服王朝説を展開されましたが、喜田先生はすでに一九一九年に天つ神系は扶余系の人びとだと書いておられるんですね。この論文は、充分な論証が伴っていませんから普及はしませんでしたが、私は先生のその感性は注目にあたいすると思っています。実際に私自身の研究も、渡来の問題を中心にあらたな視点から論証してきているわけですから。

私は日本民族が単一民族だという説は誤りだと考えています。日本国民の間でも、「在日」のみなさんを異族視していますが、そもそも日本民族自体が複合民族であって単一民族ではないのです。純粋が尊いなどといいますが、純粋は弱いのです。抵抗力がありません。逆に雑種は強いのです。複合はすばらしいという認識をもたないと、日本人の国際化はなかなか進まない、単一がすごいとか優秀だという価値観は間違っていますし、歴史的事実にも反するわけですね。ですから、元総理大臣が「日本は単一民族であって、アメリカより知識の水準は高い」というようなことをおっしゃるのは、決して元総理だけではなく、日本国民のなかにもこうした意見がまだまだ根強いのですから、単に元総理批判だけで済む問題だとは思ってはいません。

ご承知のように、国連は一九四八年十二月に採択した「世界人権宣言」を補強するために、一九六六年の第二十一回総会で「国際人権規約」を採択しました。日本では国際人権規約の批准がかなり遅れまして、一九七九年、つまり国連での採択から十三年後に、大平内閣のおりの衆参両院で国際人権規約を批准して加入することを承認しました。多くの日本人が忘れていることですが、現在の日本は国際人権規約の加盟国です。ただし、A規約（経済的、社会的及び文化的権利に関する国際規約）とB規約（市民的及び政治的権利に関する国際規約）を全部批准しているわけでなく、保留条項をつけているところもあります。完全批准はしていないし、選択議定書も批准しておりません。より完全な批准をめざす運動も必要です。

日本国憲法第十四条基本的人権の尊重の条は、「すべて国民は、法の下に平等であって、人種、信条、性別、社会的身分又は門地により、政治的、経済的又は社会的関係において、差別されない」と書いてありますが、「すべて国民は」というのが主語ですから、基本的人権の尊重というけれども、国民外の、在日外国人のみなさんの人権は保障されていません。そういう意味では日本国憲法にも問題はあるのです。日本国憲法は在日外国人の人権については一切触れておりませんから、その欠落部分を補完するためにも国際人権規約への加盟は重要な意味をもっています。日本国憲法第九八条第二項に「日本国が締結した条約及び確立された国際法規は、これを誠実に遵守することを必要とする」とあることも忘れてはなりません。

十一月二十六日からソウルで日韓閣僚会議が始まりました。在日韓国・朝鮮人のみなさんの指紋押捺制度や公務員への採用などの問題についても、日本政府はやっと重い腰を上げましたが、新聞報道の限りではまだまだ不充分な内容です。遅きに失するのですが、遅くても立派な内容であればまだしも、これが国際化をうたっている日本かなあと忸怩たる思いになります。

「在日」のみなさんは、私以上にヒシヒシと感じておられるでしょう。例えば、一九九〇年の四月、朝鮮高校の生徒さんのインターハイ出場問題――バレーボールでは大阪府二次予選で出場停止、ボクシングは、予選は出場しているのに東京の大会からはオミットされました。これは高校体育連盟の問題で、出場できなかった理由を新聞で見ますと、朝鮮高校は各種学校であるからと言うわけですね。高校の体育スポーツ関係の先生方の、このような問題についての認識がいかに不足しているか、日本人の一人として恥ずかしく申しわけなく思います。その改善を望みます（その後改善が具体化した）。

子どもの権利条約が国連で採択されましたが、これも大切な国際条約で日本も批准しました。これは十八歳未満のすべての者の差別を禁止し、その権利を保障する条約でもあるのです。つまり、さかんに国際化ということが言われるものの民族際化や民際化の視点が欠如しているから、差別をするし、また多くの日本国民が差別を見過ごしてもいるわけですね。

受信と発信の民族際化・民際化

民族際化や民際化には受信と発信の二つが必要です。相手の民族の歴史・文化・経済・社会などをよく理解して相手をよく知ることは非常に大切ですが、それだけでは受信の民族際化・民際化にとどまるのではないか。発信も必要です。たとえば、外国の先生方から「おまえたちは誤解しているじゃないか、間違っているじゃないか」とおっしゃっていただくと同時に、われわれも外国の先生方に「あなたたちの日本理解はこんなに間違っています、ここは誤解です、ここは不正確ですよ」ということも発信していかなければならない。相手を理解することはもちろん大事ですが、それと同時に己れを自覚して、自国の歴史と文化を科学的に認識し、正確に発信していくことが必要です。

私が雨森芳洲《あめのもりほうしゅう》という人物を非常に尊敬しているのは、その点です。いまから二十数年前、桑原武夫先生と一緒に〈日本の名著〉シリーズの『新井白石』（中央公論社）を担当しました。『古史通』や『読史餘論』自叙伝の『折たく柴の記』などを、口語訳にして収めたのですが、『折たく柴の記』の中に「対馬にありつるなま学匠《がくしょう》ら」という表現があります。これは雨森芳洲らを指している。

二人とも木下順庵門下で、雨森先生のほうの入門が早く白石のほうが後輩なのですが、白石は、甲州藩（山梨県）の徳川綱豊の儒者になったわけです。五代将軍綱吉が死んで綱豊が第六代将軍家宣になりましたから、甲斐徳川家の藩儒は一躍徳川幕府の政治顧問になり、世にいう新井白石の改革をしました。一方、先輩の雨森芳洲は、わずか二百石（後に二百三十石）で対馬藩に召しかかえられました。

芳洲は朝鮮通信使の問題その他、特に対馬藩の銀輸出問題をめぐって白石と論争をした人物ですが、白石がこれだけこだわっているのは何かあると思いました。そこで滋賀県高月町雨森の蔵へ参りました。一九六八年の秋のことです。壊れかかった蔵の中に先生の文献が一一五点ばかりありまして、それらを見ておりましたときに『交隣提醒《こうりんていせい》』が目に入ったんですね。雨森芳洲が六十一歳のときに対馬藩主に提出したもので、朝鮮国とつきあう心得が五十二ヶ条書いてある。

その終わりのあたりに、これは有名な言葉ですが、「誠信之交と申す事、人々申す事に候へども、多くは字義を分明に仕まつらざる事、これあり候」とありました。多くの人は誠信という言葉のもつ本当の意味を知らないと述べているのですが、この誠信は今の世に流行している国際化という言葉に置きかえて読んでもよい。「国際化と申す事、人々申す事に候へども、多くは字義を分明に仕まつらざる事、これあり候」と。

さらに続けて、「誠信と申し候は、実意と申す事にて、互に欺かず争はず」。ここに「互に」と入っているので私は思わず「ああ」と思ったのですね。「互に欺かず争はず、真実を以て交はり候を誠信とは申し候」と書いていています。

雨森先生は寛文八(一六六八)年に生まれ、亡くなったのは宝暦五(一七五五)年で享年八十八歳。当時としては長生きの方でした。芳洲先生は単なる書斎派の学者ではありません。私は学問のための学問をやっておられる先生も尊敬していますが、なんのために学問をやるのかということになると、やはり世の中の人の役に立たなければと思っています。学問には、無用の用ということもありますが、やはり実用の学も必要ですね。

雨森先生は、まさに実学をなさった方で、その学問を朝鮮外交にも活かし中国理解にも活かした藩儒でした。ただ書斎に閉じこもって学問をした儒学者であれば、私はこんなに惚れません。それで「こんな人がいる!」ということで、当時の全国最年少知事であった武村正義滋賀県知事の委嘱でできていた「文化の屋根委員会」で話をしました。委員会は、座長が国立民族学博物館長の梅棹忠夫さん、私が副座長でした。西武の堤清二さんや京都商工会議所会頭のワコールの塚本幸一さんなど近江出身の方々もメンバーでした。滋賀県出身の人はとかく近江聖人・中江藤樹のことばかり言うのですね。中江藤樹も大事な陽明学者ですが……。雨森先生は藤樹先生が亡くなって二十年後に生まれた方です。「こんなすぐれた人物を世に出さないではずかしいじゃないか」と申しましたら、知事さんがすぐ見に行かれまして、県が四千万円出してくれました。高月町が二千万、全国募金で二千万、計八千万の費用で一九八四年の十一月三日にオープンしたのが現在の「雨森芳洲庵」です。名前は「東アジア交流ハウス」とつけられました。

うれしかったのは、盧泰愚《ノテウ》大統領が日本の国会で演説されたときに雨森芳洲に言及されたことです。多くの国会議員はキョトンとしていたようでしたが、そのおりには衆議院の議員になっておられた武村さんは鼻が高かったようです。雨森芳洲のような人物が本物の国際人です。

享保四（一七一九）年の通信使に随行してきた申維翰《シンユハン》が、『海游録《かいゆうろく》』の中で雨森との関係を書いています。お互いに言うべきことは言って激論を戦わせているのですが、別れに際しては涙をこぼしている。つまり、雨森は朝鮮の先生方に言うべきことは言っている——中には屁理屈もずいぶんあるんですが——。雨森芳洲の見識に申維翰は感動している。受信だけの国際化では本当の国際化ではないと私は思っています。まさに、雨森先生が指摘され実践された十八世紀前半の姿の中に、日本の国際化のあるべき姿が秘められていると思っているわけです。

民際化の視点からの生涯学習

いま日本では生涯学習という言葉が大流行です。一九八九年、文部省は千葉県幕張で第一回の生涯学習フェスティバルを開きました。現在文部省の筆頭局は生涯学習局です。一九九〇年は荒巻禎一京都府知事（当時）が引き受けてこられたので、十月三十一日から十一月五日まで、京都で第二回の生涯学習フェスティバルが、総額三億円余りで実施されました。

私も京都市の社会教育委員会の議長を十数年やっていて、あらゆる機会に、文部省の方や京都府・市の関係者の方々に申し上げてきたのですが、生涯学習で一番大事なことがとかく忘れられがちです。生涯学習とは揺りかごから墓場まで勉強することだと、文字通り生涯にわたって学習することだなどと言っている方もありますが、それならいまでもすでに、幼児教育・学校教育あるいは成人教育や民間の老人大学など広く行われているわけで、わざわざ生涯学習をいう必要はありません。家庭教育・学校教育・社会教育がバラバラに行われてきた。それを統合することをめざしたユネスコの生涯学習、なぜ生涯学習が改めて強調されたのかという原点をみれば、そのひとつは国際化の視点で多文化の相互理解が強調されています。

そのことを強く主張しまして、京都市では第二回生涯学習フェスティバルに因んで「国際識字年・点字百年展」を、私が実行委員長となって社会教育総合センターで開催いたしました。一九九〇年は、日本で点字が始まって百年目ですし、国連の提唱する国際識字年でもあります。多数の方に見学していただいて感謝しております。

生涯学習・生涯教育は、一九六五年、当時ユネスコの成人教育部長であったポール・ラングラン氏によって問題提起されました。これが、まずヨーロッパで広まり、次にアメリカで広まって日本にも波及してきたわけです。ポール・ラングラン先生はナチスに抵抗してレジスタンス運動をした教育学者なんですが、異文化に対する相互の理解と交流を生涯学習の重要な目標の柱の一つとして提起されました。まさに、民衆と民衆がまじわる民際化の視点をもたなければ生涯学習も充分な成果をもたらさない。生涯学習を高齢者対策のように思っているのは、とんでもない誤解です。

「在日」の南北を越えての主体性

次に、もう一つのテーマである在日韓国・朝鮮人文化の問題について若干申します。私の専攻は歴史学で、専門は日本古代史です。一九六〇年に、この島国日本の中だけで歴史や文化を研究することも大事ですが、それだけではだめだと痛感するようになりまして、以来今日まで、アジアの中の日本を自分の研究テーマにして参りました。

たいへん不充分なものですが、一九六五年六月に中央公論社から『帰化人』という書物を出しましたのは、そのような反省とささやかな自覚によるものでした。書名は『帰化人』ですが、帰化とは何かということを冒頭に書きまして、無限定に帰化とか帰化人という言葉を使ってはいかんぞということから書き始めています。その書名が『帰化人』ということですから、これでは羊頭狗肉になりかねません。いまなら『渡来人』という書名にするのですが、当時は本の中で「渡来人」と書くのにも、私なりの勇気がいりました。

渡来人というのは上田の造語だと言っている人もいるようですが、とんでもない。古典の中にある言葉です。『古事記』『風土記』の中には、「帰化」という言葉は一つもありません。多くは「渡来」

もしくは「参渡来」です。古代に渡来してきた人が、古代法のいう正式の帰化の手続きを踏んだ場合は帰化人といって差し支えないと思っていますが、国家成立以前には帰化人が存在するはずがない。帰化すべき国家がないのに、どうして帰化人がいるのですか。戸籍ができていない段階で、どうして帰化人が誕生するのですか。そのようなわけで、あの本で初めて渡来という用語を使いました。その後、金達壽《キムダルス》さんを始めとするみなさんが渡来人という言葉を広めてくださったわけです。

いまでも基本的な考えは変える必要はないと思っているのですが、あの本の中の「渡来の波」という章で、紀元前四、五世紀前後のころから七世紀なかばのころまでの間に、朝鮮半島から渡来する集団の波が四回あると書きました。第一の波は弥生時代の始まる前後、すなわち紀元前四、五世紀ごろから紀元前三世紀ごろです。第二の波は五世紀の前後、第三の波は五世紀後半から六世紀の初め、第四の波は七世紀中ごろ。もちろん、その間にも渡来の波はあるのですが、ピークをたどればそのようなカーブが描けると提唱しました。これについては、一九八七年に人類学の埴原和郎先生が人骨分析から上田説が正しいということを論証してくださいまして、意を強くしているところです。

したがって当然のことですが、日本の古代文化には朝鮮半島から渡来した集団――高句麗の人・百済の人・新羅の人・加耶の人びとの文化も存在したわけです。ただしはっきり申し上げておきますが、日本の古代文化のすべてが韓国・朝鮮の文化だという議論には、私は反対です。それはひいきの引き倒しというものです。日本の古代文化には、中国文化はもちろん、古代ペルシャの文化もオーストロネシア、南島の文化もあります。私が一九六〇年から今日まで声を大にして言い続けてきたのは、朝鮮半島からの渡来集団の文化をあまりにも無視して過小評価してきたのではないかと考えているからです。しかしその過大評価には反対です。

紀元前四、五世紀から七世紀ごろまでに朝鮮半島から渡来した集団の波が四回あった。そして二世、三世、四世、五世とずっと日本に住み続ける人びともあるし、帰国する人びともある。推古三（五九五）年に高句麗僧慧慈《えじ》が渡来しました。この方が厩戸《うまやど》皇子（聖徳太子）に強い影響を与えたことは間違いありません。太子の陰には慧慈がいるとよく言うのですが、あの偉大な思想家・政治家・外交家の聖徳太子の背後で、慧慈が大きな役割をはたしていたことは証明できます。慧慈は、推古三年に渡来して推古二十三（六一五）年に帰りますから、在倭二十年です。たいへん立派なお坊さんですから、どこか高句麗に慧慈の痕跡が残っているのではないかと思って、訪朝したおりに北朝鮮（朝鮮民主主義人民共和国）の先生方にお尋ねするのですが、実相はたしかめられていないようです。

慧慈は国に帰りましたが、渡ってきて、ずっと日本に住んだ人たちもたくさんいました。ここで最も参考になるかもしれないと思いますのは、後に申します日本の神々の問題です。桓武天皇のお母さまが百済武寧《ぶねいおう》王の子孫である、日本の皇室には紛れもなく百済王室の血脈があると、はっきり書いたのは、あの『帰化人』という本なのです。当時、私は京大の助教授だったのですが、右翼のみなさんが激怒されまして、「国賊上田正昭、近く天誅を加える」などという抗議の便りを四通いただきました。これは家宝としていまも大切に持っています。

いまはそのようなことを書いても抗議の電話もありません。この点はかなり理解が進んだと思っています。ただし、日本学研究所の『日本学』誌にも書きました大刀契《たいとけい》の問題(「百済国の大刀契」『日本学』第八・九輯合併号、一九八九年九月)を、一九八九年一月十六日に高崎のシンポジウム(国際考古学シンポジウム「東アジアと古代東国」)で発表しましたのを、朝日新聞の東京本社が紙面に大きく載せたときは、やはり抗議が来ました。平安時代の初めから南北朝まで、天皇家の神器のなかに百済国から伝来した大刀契があるという内容ですが、幸いに順徳天皇自筆の『禁秘抄《きんぴしょう》』の中で百済国から来たものだと書いてあります。ほかにもたくさん史料はあるのですが、抗議の電話の方に「あなたは順徳天皇のお書きになったものを読んでおられますか?」とたずねました。相手は「知らん!」と。「君のほうが不敬じゃないか。天皇の書いておられることを疑うのか!」と言ったら、その後は抗議電話は全然ないわけではありませんが、ほとんどかかってきません。日本のいわゆる国際化は進んだ面もあるのですが、正体不明の国際化がまだまだ多すぎると思うのです。

さて、日本文化の中には朝鮮から渡来した人たちの文化も勿論ありますが、日本の神々の中にも明らかに朝鮮渡来系の神もあるわけです。すると、またそのすべてが朝鮮の神だという人もおられます。気持ちはよくわかりますけれども、そんなことを言ったら学問になりません。もう少し慎重にやっていただくほうが、説得力があると思うのですね。なんでも朝鮮、なんでも韓国にしてしまうのは、日本のかつての皇国史観と同じやり方になりますね。これには抵抗せざるをえないのです。

渡来した人たちが、ふるさとの高句麗や百済、新羅などの神を祀っているのを私は「渡来型」と言っております。百済から渡来してきた人びとが百済系の神を「今来《いまき》の神」として祀っている例などがそれです。次に、渡来した人たちが在来の日本の神を祀っている、これを「重層型A」とします。伏見稲荷大社を例に挙げます。全国に立派な稲荷社がいろいろありますが、お寺で言えば、ここが総本山です。いろいろある稲荷社の中で最も古い総本社が京都の伏見稲荷大社です。ここには、一の峯、二の峯、三の峯とあって、稲荷山が神体山です。その山を背景に日本在来の在地の人たちが祀っていたところへ、秦伊侶巨《はたのいろこ》という人物が社を建てました。すでに日本在来の在地の人びとが祀っていた神を、新羅系の渡来集団が社を建てて祀ったのです。伏見稲荷大社の記録では、社が建てられたのは和銅四（七一〇）年とされていますが、秦氏が社を建てたことは、間違いありません。

また、京都・太秦《うずまさ》の広隆寺の近くに松尾大社という社があります。広隆寺といえば、弥勒菩薩像は国宝第一号ですが、あの御仏は紛れもなく渡来の仏です。百歩譲って日本の赤松で造った仏だとしても、渡来の仏師が造ったものに間違いないと考えております。京都市西京区嵐山の松尾大社は、今日では酒の神さまとして有名です。もともと松尾山という山があり、その山を中心に山の神（大山咋神《おおやまさのかみ》）を在地の人たちが祀っていたのです。そこへ秦都理《はたのとり》という人物が大宝元（七〇一）年に社を建てて、歴代ずっと社家をしてきました。これも「重層型A」です。

重層型には、朝鮮渡来の神さまを在地の人たちが祀る場合もあり、私はこれを「重層型B」と呼んでいます。今日お集まりのみなさんの中にはご存じの方もあると思いますが、鬼室集斯《きしつしゅうし》です。天智天皇の近江朝廷のときに大学頭《だいがくのかみ》、のちでいうならば大学寮の長官になった人物です。百済滅亡のおりに多くの政治家や知識人が日本へ亡命してきました。優秀な人たちですから、天智天皇の政府は彼らを政府高官にして、いわばブレインにしたわけです。日本で漢詩漢文学が最初に栄えたのは近江朝廷ですが、百済から来た多くの知識人や官人が近江朝廷を支えていたことはいうまでもありません。その鬼室集斯を、近江の人たちが神さまにして祀ってきた神社が日野町に現在もあるのです。その名も鬼室神社と申します。戦争中にも、あれほど差別があり迫害があっても、土地の人たちは朝鮮渡来の百済の優れた人物を、神としてずっと祀ってきたのです。このようなタイプを「重層型B」と私は呼んでいます。そして、渡来系の人びとが渡来の神を祀る、たとえば秦氏が祀っていた韓《から》神社がそうです。平安京では宮内省で地主神として祀られていました。私のいう渡来型です。

日本の神々の中にこのような三つの型があるということは、「在日」のみなさんの文化を考えるときにも一つのヒントになるのではないかと思います。「在日」しながら、あくまでも韓国・朝鮮の文化をずっと守り続けてゆく、いうならば主体的なあり方は、私のいう渡来型です。また、在来の日本文化を「在日」のみなさんが受容し、新しいものを創ってゆく重層型Aのタイプ、あるいは逆に、われわれ日本人が「在日」のみなさんの文化に学び、新しい文化創造に寄与してゆく重層型Bのタイプもある。

いろいろ苦労しておられる「在日」のみなさんに向かって、日本人のひとりである私が、「在日」の文化の問題について、「こうすべきだ」などというような価値判断や指示的なことは申し上げられません。それは、みなさんご自身が検討される課題です。「在日」のみなさんの間にも三十八度線が存在することを私は承知しておりますが、「在日」のみなさんご自身が、日本のなかのいわゆる三十八度線はだんだんとそしてつぎつぎに乗り越えて行かれるべきではなかろうか。実際にそうした動きが具体化しつつあります。

迫害と差別の中でご苦労いただいた在日一世あるいは二世のみなさんが、苦労しながら築いてこられた文化が「在日文化」です。「在日」の文化は、一九一〇年以後に始まったのではありません。もちろん、消され消されてきたのですが、古代から、渡来の波の第一波以後ずっと、在日本列島の文化のなかに存在してきたわけです。そして日本文化の発展に寄与してきました。そういう問題とも連繫させて、今後の「在日」の南北を越えての主体性を、国際化がたいへん不充分な日本文化の中で、みなさんにお考えいただけたら幸いだと存じます。

新しい「在日」の文化が軽々に創造できるなどとは申しませんが、それに向かっての営みは、すでにいろいろな分野で始まっているのではないかと思っています。

たいへん率直に申しましたが、本音でございます。およそ本音を申しますので、誤解されることも度々ございますが、どうか意のあるところをお汲みとりいただきまして、上田の言うことに多少とも参考になるところがあったと思っていただければ幸いです。

（1）京都市と西安市は、一九七四年五月十日に友好都市の締結をした。
（2）南北朝時代の南北両皇統のどちらを正統とするかについての論争。
（3）現存する法隆寺の西院金堂・五重塔・中門などが推古十五（六〇七）年の創建当時のものか、天智九（六七〇）年に焼失してからの再建されたものであるかについての論争。

※一九九〇年十一月三日の基調講演からすでにかなりの歳月が経過した。この間に民際の深まりと前進があるので、現実にそぐわない点もあるが、一九九〇年十一月の講演として、それなりの意味をもっと考えて収録した。私の本音を率直に語った講演として思い出も深い。

III

ふるさとと人権

アジアのなかの日本再発見

一九三〇年代から一九四〇年代前半の日本の支配者層は、「八紘一宇」の名のもとに、アジアの盟主を自称して、「大東亜共栄圏」を幻想した。そしてアジアを侵略した。その日本を中心とした「興亜論」が、二十一世紀のはじめにかたちを変えて再び具体化しようとしている。

いかなる名目があるにせよ、いつかきた道の「おとし穴」に入りこんでよいはずはない。このような動きに対して、日本はアジアとは異質であり、むしろヨーロッパ的であるとして、アジアと日本を対比する見方や考え方がある。その比較はそれなりに有意義であり、「アジアはひとつ」などと称する「空論」への批判としてはきわめて有効だが、そこにも限界が内包されている。

だがそのような見方や考え方はあらたな「脱亜論」を用意しやすい。アジアと日本との異質性がいちじるしくなるのは、日本が近代化のプロセスで、欧米の文明を積極的に受容してからであって、近代以前にさかのぼればさかのぼるほど、アジアとりわけ東アジアの文明と連動する共通の要素が多い。

そのことは高松塚壁画古墳をはじめとする古代日本にかんする近時の発掘成果をみても明らかである。東アジア文明との密接なつながりのなかで、日本独自の文化を構築してきたといってよい。文明の比較とは同質性にあわせてその異質性をもみきわめることである。文明の比較は、ややもすればルーツ論（起源論）のみになりやすいが、ルート論（形成論）もなおざりにすることはできない。

アジアの文明の内実は多様であり複雑であって、アジアの友好と連帯には多くの障害が山積する。楽観よりも悲観が先立つ。しかしその曙光もある。たとえば二〇〇二年のサッカーW杯や釜山で開催されたアジアスポーツ大会などにおける若者の国境やイデオロギーをこえた交遊がそれである。アジアのなかの日本を再発見することが肝要ではないか。

民際交流で見えた日本——あこがれの大地モンゴルの旅

はるかなる草原と満天の星。モンゴルは少年のころからのあこがれの大地であった。大英雄チンギス・ハン（成吉思汗）の物語が、私の夢をふくらませた。そしてモンゴルをおとずれた先輩の話に、いつの日かモンゴルへの旅を、と考えていた。

すぐれた芸術家・思想家であり、宗教界の巨人であった出口王仁三郎《おにさぶろう》師がモンゴル入りをしたのは、大正十三（一九二四）年の二月から七月にかけてであった。そのおりから数えて二〇〇四年は八十周年にあたる。いわゆる「王仁入蒙」についてはさまざまな説があるけれども、前年の六月にエスペラント研究会、十月にローマ字会の設立、翌年の五月に北京で世界宗教連合会、六月に人類愛善会を創立した流れのなかで検討する必要がある。

「人類は本来兄弟であり、一心同体である。人類あるいは国家あるいは宗教など、あらゆる障害を超越して、人類愛善の大義にめざめねばならぬ」としてスタートした人類愛善会と、一九九二年に発足した出口の出身地である京都府亀岡市の市民を中心とする出口王仁三郎翁顕彰会とが、このたびその八十年を記念してモンゴルを訪問した（一七七名）。

六月十九日に首都ウランバートルへおもむき、翌日の文化宮殿での文化講演に出講してほしいとの要請であった。六月二十日の「文化講演・チャリティーコンサート」は、モンゴル仏教センター・ガンダン寺チョモジャイツ管長、大統領府宗教委員会代表、モンゴル国立大学教授をはじめとする約一二〇〇名の人びとが集っての盛況となった。

「日本とモンゴルの民際交流」をテーマとして、まずモンゴルをルーツとする騎馬や相撲の文化が朝鮮半島から日本列島へどのように受容され変容していったか、ついで七夕の信仰は七世紀の後半には具体化しており、八～九世紀の宮廷では七夕に相撲が行われたいわれを述べた。さらに文永十一（一二七四）年・弘安四（一二八一）年の日本でいう「元寇」をめぐる最近の研究成果と海底遺跡の調査の状況を紹介し、モンゴル帝国第五代のフビライ（世祖）に仕えていたマルコ・ポーロが『世界の記述』（『東方見聞録』）のなかで東方海中の黄金の島ジパングが口述筆記される背景にも言及した。

世祖は一二六三年に大都（北京）に都を遷《うつ》し、一二七一年に国号を元としたが、日本から元へ留学した僧も多く、とりわけ十四世紀前半の日元貿易には注目すべきものがあった。日宋貿易・日明貿易の中間の日元貿易の時代も重視しなければならない。国家と国家の関係、いわゆる国際はもとより大切だが、その前提には民族と民族の友好、すなわち民族際が不可欠となる。なかでも国境やイデオロギーを超えた民衆と民衆のまじわり、私のいう民際がもっとも肝要である。

一八三八年第五代活仏によって建立されたガンダン寺で、六月二十一日に厳粛に執行された大本《おおもと》・人類愛善会とモンゴル仏教との世界平和祈願・万国万霊合同慰霊祭、日本とモンゴルの文化交流会、翌日のウンドゥルドブ草原での草原茶会、三年後に完成予定の日本・モンゴル友好公園での一二〇本のトウヒ（マツ科）とニレの植樹、相互の芸能演奏なども入りまじった、その民際の集いは画期的なこころみとなった。文化交流会におけるバガバンディ大統領の善隣友好をたたえたメッセージも印象的であった。

ウランバートルから西南約三二〇キロのカラコルム（ハラホリン）の宮殿跡を、幸いに実地に観察することができた。第二代オゴデイ（オゴタイ）は一二三五年から宮殿を造営したが、大都遷都によってカラコルムは急速に衰退した。ソ連やドイツが発掘調査を行い、近くフランスが調査を実施する予定という。

モンゴル人民共和国は一九二四年に成立したが、ソ連の衛星国状態にあって、たとえば前述のガンダン寺も一九三七年から弾圧をうけた。一九八九年ごろよりモンゴルの民主化がはじまる。多くの課題をかかえながらも、民主化はたしかに前進していた。ウランバートルから北へ約百キロのドガナハド高原へおもむいたおり、ゲル（遊牧民の住居）の近くに燃料用の枯れ木が積んであった。そのゲルの古老は「遊牧民は森林を伐《き》ったり川を汚したりはしない、犯せばカミのたたりや罰がある」と語った。そこには自然と共生する原初の姿がたくましく息づいていた。

命が輝く行政

毎年、自殺人口が増え続けておりまして、昨今では年間三万人を超える人びとが相次いで自殺している現実があります。そしてまた、毎日のように、新聞、テレビで親が子を殺す、子が親を殺すと報道されており、まことに命が粗末に扱われている時代を迎えました。

アメリカの社会学者で、E・H・フロムという大変優れた先生がおられました。フロム先生は、残念ながら亡くなりましたが、先生は著書の中で、十九世紀は神を殺した、宗教を否定して、科学万能の時代になった。そして戦争が激化して二十世紀は人を殺したと書いておられました。まさに、十九世紀は神を殺し、二十世紀は人間が人間を殺し、そういう深刻な事態を迎えて二十一世紀に入っております。

今、学校教育、家庭教育で、心の教育ということが言われておりますけれども、心の教育も大切ですが、もっとも大事なのは私は命の尊厳教育ではないかと思っています。行政については素人ですが、行政においても人の命が輝く行政を目指して御尽力いただきたいというように願っている一人です。

私は、漢字の「人」という字を見るたびに、ある種の感動を覚えます。人というあの漢字は、人間の形の象形文字ですが、斜めの字画が他の字画を支えています。人間は誰かに支えられて生きているわけです。人間はとかく一人で生きているように錯覚していますけれども、親があり兄弟があり妻があり子どもがあり、隣近所の仲間があり、友人があり知人がある。人間は、人という漢字がいみじくも象徴しておりますように、支えられて存在しているわけです。今の若者の中には人を殺して何が悪いというように反論する若者がいるようですが、先生がそれに十分答えられない。困ったことだと思います。

人間は、御承知のように何万という精子と一つの卵子が結合して誕生する。人間の命というのは、選ばれて天から与えられて誕生している尊い存在です。したがって、子どもが生まれたらみんなが幸せを祝福する。命というものは選ばれて、授けられて存在するわけで、その人間の命の尊さを私どもは改めてしっかり考える必要があるのではないか。心の教育も大事ですけれども、その大前提には命の大切さを教える、命の尊厳を教える教育が必要であるということを私は折あるごとに申して今日に至っております。

世界人権問題研究センターという国際的なセンターが、京都で一九九四(平成六)年の十二月一日に誕生いたしました。このセンターは、文部科学省認可の研究財団で、建都一二〇〇年を記念してつくられた組織です。私は、そのセンターの理事長もしておりますけれども、人権という言葉は、大変今日では安易に使われているように思えてなりません。そもそも人権という言葉は、明治の代に英語のhuman rightsを翻訳した言葉で、human rightsという考え方は、ヨーロッパではルネサンス以後発展してきた思想です。

しかし、権利だけが主張されて、義務が十分に果されていない場合が多いと思います。日本国憲法にも、個人の尊厳ということがうたわれており、基本的人権の尊重の大前提は個人の尊厳であると明記されていますけれども、個人の尊厳だけ、個人の権利だけが人権ではありません。一九九四年十二月、この年月は人権の世界の歴史にとって、私は大変重要な年であり月であったと考えていますが、第四九回の国連総会が開かれました。そして、国連は一九九五年から十年間、人権教育のための国連十年を決議し、行動計画を発表しました。そして、国連は人権教育を新たに定義いたしました。

私は、この定義は従来の国連が言ってきた主張よりは、はるかに前進したと思っています。そこでは、幼い人、青年の諸君、壮年の諸君、高齢者の人々、「あらゆる発達段階の人々」、行政の人、企業の人、教育関係の人、農業・漁業など「あらゆる階層の人々」が、「他の人々の尊厳に学ぶこと」が前提になると規定しています。何でもないようですけれども、それまでの国連は個人の尊厳を前面に主張してきた。初めて「他の人々の尊厳に学び」ということを強調しました。人権の解釈は非常に深まったと、心からこの定義を歓迎している一人です。

ややもすると、人権というと自分の権利だけを主張する。おのれさえよければいいということになりやすい。他人の権利はどこかへ行ってしまう。よくプライバシーとか、個人情報とかというようなことだけが言われますけれども、我もよし彼もよし世間もよしでなければ、人権の輝きが誕生するはずはありません。

今、私どもの研究センターには五部門九四名の専任・客員・嘱託の研究員が研究に従事しておりますが、国連は、その「国連十年の人権教育」の定義の中で、universal culture of human rights——普遍的な人権文化という言葉を初めて使いました。今、各行政では、人権文化推進室とか人権文化推進課とか、人権文化という言葉が盛んに使われております。それはそれで結構ですが、ユニバーサルな人権の側面だけを強調していたのでは、私は具合が悪いと思っています。個人の人権と、人権の普遍性の中間が抜けている。中間は何かというと、家庭であり職場であり学校であり、それぞれの地域です。地域に根差した人権教育を推進しなければ、人権の普遍性だけを言っておったのではだめだと考えています。アジアには人道という言葉があるじゃないかということを盛んに言っているわけです。若い研究者の諸君からは、先生、そんな封建的な言葉はと、言われるのですが、私はこの人道という言葉は、人権という翻訳語よりは、本来の人間のあり方にふさわしいと思っています。

京都へお見えいただきまして、京都にはいろいろな社寺がありますし、また、四季折々の祭りも実施されています。この京都の町人の生み出した学問には、心学という学問がある。心の教育を盛んに言っている皆さんが、まことの心を知る学問、心学のことを全然知らんようでは困ります。

この心学は、京都の町人、呉服屋の番頭であった石田梅岩が享保十四（一七二九）年、十八世紀の前半、丸太町の車屋町上ルで、四十五歳のおりに塾を開いたんですね。「御望の方は遠慮無く御通、御聞き成されたく候」。「席銭入り申さず」、聴講料はただでございますと開講しました。私が大変感動するのは、女性にも呼びかけていることです。十八世紀の前半に女性が学問をするということは、軽視されていたわけですが、石田梅岩は女性にも「おくへ御通成されたく候」と公言しています。

　心学では、「心の発明」を強調しました。いい言葉ですね。発明というと、私どもは技術の開発や、いろいろと新しい物をつくる場合に使いますが、心の発明がさらに肝要です。心を発明せずして心の教育のできるはずはありません。心の問題を重視した町人の学問が、いわゆる心学です。その心学が目指したのは、「人の人たる道」を歩む、つまり、人間が人間らしく人道を歩むことでした。石田梅岩は町人ですから、町人に向かって自分の学問を説いていったわけです。

　商売をすることは卑下すべきことではない。金もうけをすることは、町人にとって当たり前である。それを卑しいなどと言うのは間違っていると力説しました。これも、封建社会の厳しいいわゆる士農工商の身分社会の中で、「一銭軽シト云ベキニ非《あら》ズ、是ヲ重《かさね》テ富ヲナスハ商人ノ道ナリ、富ノ主《あるじ》は天下の人々ナリ」（『都鄙問答』）と説きました。

　ただし、石田梅岩は、自分だけがもうけてはならんのだということを言うわけです。利他、商いによって良い物をなるべく安く売る、利他の商い。他も利する商いを梅岩は強調しました。商売をして金をもうけるということは、決して卑しいことでもなければ、間違っていることではない。

　しかし、貪欲な偽装などは許されない。偽装は今や大はやりです。昨今の商人は、本来の企業のありかたを忘れているのではないか。商人のモラルはもうどこかへ消えている。恥も外聞もなりふり構わず金もうけ一辺倒になっているわけですが、石田梅岩は、そのような商いは間違っていると力説しました。けれども、商人が利益を得ることは正当なことであって、卑しいことでもなければ卑下すべきことでもない。いい物を安く売る。そして利を上げるということは、決して悪いことではない。己を利するとともに、他を利することが町人の道であるということを梅岩は説いたわけです。人道を目指したのです。

石田梅岩のこの思想は、今の企業の皆さんにぜひ学んでいただきたい。京都の京セラの稲盛和夫さんは、石田梅岩を大変尊敬しておられますが、優れた企業家であれば梅岩の提唱した心学が、過去のことではなくて、今日の企業のあり方に多くの示唆と教訓を与えるはずです。

己の人権ばかりを言っておってはどうにもならんと思うのです。国連は、人権文化という言葉を使いましたけれども、その定義はまちまちです。これから申し上げるのは、私の定義です。命の尊厳を自覚し――人権を言う人が、命の問題を軽んじておってはどうしようもないと思うんです――命の尊厳を自覚し、自然とともに――人間同士ばかりではありません――自然とともに、人間の幸せを構築していく、その行動と実りが人権文化であると私は定義しています。

今の学校教育で、心の教育が盛んに言われておりますけれども、もう一度教育基本法を読み直していただきたい。教育行政の皆さんも現場の先生方も、家庭の父母も教育基本法を読み直していただきたい。

旧教育基本法は、第九条の第一項に、次のように書いているんですね。「宗教に関する寛容の態度及び宗教の社会生活における地位については、これを尊重しなければならない」と述べている。公共の教育に特定の宗教を持ち込むことは、第九条第二項ではっきり禁止している。けれども、旧基本法でも宗教心を否定はしていないんですね。神や仏に感謝する心を、旧教育基本法も否定してはおりません。

新しい教育基本法ができました。現在の教育は、新教育基本法で行われているはずですが、新教育基本法では、第十五条第一項に次のように書いている。「宗教に関する一般的教養及び宗教の社会生活における地位については、これを尊重しなければならない」と現行の教育基本法にも書いているわけです。

政教分離を言う余りに、学校から神や仏に感謝する、先生に感謝する、親に感謝する、友人に感謝する、そういう感謝の心がどこかへ吹っ飛んできた。そして、新しい教育基本法でも、宗教に関する一般的教養は必要なんだということを明記しているんですけれども、宗教の問題はどこかへ行っている。私は、仏教家ではありませんけれども、仏教の教えにはすばらしいことが幾つもある。たとえば十善戒、その中でつぎの三つは特に注目すべきです。

一つは不殺生、殺すな。これがまず第一です。第二は不偸盗《ちゅうとう》、盗むな。第三は不妄言、うそをつくな。これは人権の根本ですね。殺すな、盗むな、うそをつくな。これを抜きに心の教育なんてできるはずがない。

そして、皆さんの中にお坊さんの監査委員の方がおられたら、釈迦に説法になりますけれども、菩薩が涅槃の境地に入る教えに、六波羅蜜《ろっぱらみつ》という教えがある。布施《ふせ》、持戒、忍辱《にんにく》、精進、禅定《ぜんじょう》、知慧、六つの涅槃に至る行が説いてありますが、その中に忍辱《にんにく》がある。辱めを忍ぶという忍辱。これもいい言葉ですね。俗世間で使う言葉では、堪忍《かんにん》です。もっとわかりやすく言えば、我慢するということです。

今の教育では、我慢の教育が全然できてない。だから、じきに切れるんですね。簡単に腹を立てて、親に向かって、子の人権を無視するのか。先生に向かって、生徒の人権を無視するのか。忍耐力というものが、今の社会では重視されておりません。私は、仏教家ではありませんけれども、この仏の教えは今の教育にもっと生かす必要がある。

私どもの小さいときは、忍耐ということを、繰り返し親からも先生からも教わりました。いろんな教育の審議会がございますが、教育再生会議、中央教育審議会など、一人も宗教家が入ってない。これはどういうことですか。特定の宗教を選ぶわけにはいかないと言うかもしれない。それなら宗教学者を選んだらいいじゃないですか。心の再生を強調して、宗教心を全く否定しているような社会は、間違っていると私は思う。決して、特定の宗教を言っているのではありませんよ。誤解のないように。宗教心の大切さです。

現在の新しい教育基本法も、第十五条第一項に、宗教に関する一般的教養はしっかり教えなければならんということが書いてあるわけです。ワンガリー・マータイさん、ケニアの副大統領で、ノーベル平和賞の受賞者です。一九九七年の十二月に京都議定書が採択されて、ようやく発効した二〇〇五年の二月十六日でした。京都で環境会議があって、そのおりにワンガリー・マータイさんが日本語の「もったいない」という言葉に非常に感動された話をされました。もったいないという言葉の価値とワンガリー・マータイさんのことは、皆さんもよく御承知だと思います。

私も、このもったいないという日本語はすばらしいと思っています。まだ使えるものを捨てる。全くもったいない。環境問題を考えるときに、このもったいないという日本語の価値観は、非常にすばらしい言葉だということをワンガリー・マータイさんがおっしゃいました。

私は、そこで「もったいない」という言葉が、一体いつごろから日本の古典で使われているかということを、すぐに調べてみました。二〇〇八年は源氏物語千年紀ですが、『源氏物語』には「もったいない」という言葉はありませんけれども、十三世紀の『宇治拾遺物語』には、はっきりもったいないという言葉が出てくる。『太平記』にも、もちろんもったいないという言葉がみえている。その場合のもったいないは、決して物だけを言っているのではなく、無駄に殺したり早死にしたりすることも、『太平記』でももったいないと表現している。たとえば『太平記』に「此の時、断亡せん事勿体《もったい》なく候」と述べているのがそれです。このようにもったいないという。すばらしい日本語ですね。

もう一つある。それは、おかげさまという言葉。これも、私はすばらしい日本語だと思う。人間は一人で生きているわけではありません。明治七年、一八七四年ですが、板垣退助をはじめとして、自由民権運動が起こりますね。自由民権のことは、皆さんもよく知っておられると思います。当時の自由民権家は天賦人権という言葉を使った。天が人権を与えているという天賦人権。人権は人間だけで勝ち取っているんじゃないんですね。明治の自由民権の思想にも学ぶ必要がある。天のおかげで人間は生きているんだ。おかげという日本語は、奈良時代には使われています。その根本は感謝の心です。『延喜式』という書物があります。平安時代ですが、延喜五（九〇五）年から編纂が始まって、延長五（九二七）年に完成した五十巻の貴重な書物で、その巻第八に、その当時の祝詞が載っています。それを読んでみますと、改めて感動する。神様への感謝ばかりです。今の祝詞ではとかく、こういうものをお供えしますから、こういうおかげをくださいと神様に願う。『延喜式』の祝詞ではただひたすら神への感謝ばかりが書いてある。これもおかげの信仰です。

布施本来の法布施は、功徳を施すことです。布施をしなければ、財布施もないわけです。宗教家自身に、感謝の心が少なくなっている。

京都の三大祭は、五月の葵祭、七月の祇園祭、十月の時代祭です。一番新しいのは平安神宮の時代祭です。これは明治二十八年に平安神宮ができて、その第一回が十月二十五日に風俗行列を実施されました。第二回から十月二十二日に行なっている。十月二十二日は延暦十三（八九四）年に長岡京から桓武天皇の平安京への遷幸があった日です。

平成元年から時代祭の考証委員になってほしいということで、引き受けて現在に至っています。そして、引き受けたときの宮司さんは三条実春宮司さんでしたが、今は、九条道弘宮司さんです。三条宮司さんに、時代祭に室町時代がないのはおかしいと思っておりますので、引き受けるについては、いつの日か室町時代を入れてくださいとお願いしました。そして平成十九（二〇〇七）年の十月二十二日に、やっと室町時代の行列が実現いたしました。新たに時代祭の考証委員長を私がつとめています。

なぜ時代祭に室町時代がなかったのか。足利尊氏が室町幕府を開いたからなんです。逆賊足利尊氏の開いた室町幕府の行列は入れたくなかったんですね。立派な先生方が、時代祭考証委員を発足以来してこられた。江馬務先生、有職故実の日本の大家です。京大法学部の教授で日本法制史の猪熊兼繁先生をはじめ錚々《そうそう》たる先生方です。私の前の考証委員は猪熊先生でしたが、猪熊先生が亡くなったものですから、その後任に私がなったわけです。そして平成二年から猪熊先生の令息の兼勝さんにも考証委員に加わってもらいました。立派な先生方も、世論には逆らえず、室町時代の行列は実現しませんでした。

余談になりますが、一九九八年の七月に時代祭行列をフランスで実施しました。パリの凱旋門からコンコルド広場さらにオペラ座に向かって約五百名の行列を挙行しました。七月二十五日でしたけれども、その三日前の七月二十二日にフランスで日本文化のシンポジウムがあった。日本の代表としては私と猪熊兼勝さんが出ているわけですが、フランスからは有名なオーギュスタン・ベルク社会科学院教授とフランソワ・マセという東洋言語文化研究所の教授が参加されました。討論のまっ最中にフランソワ・マセ先生が、「上田先生、質問がある」と。何かと思ったら、足利尊氏がどうして登場しないのかと。よく勉強しておられる。実は、考証委員に就任以来言うてるんだけれども、お金が要るんです。時代祭の衣装は、太秦の映画村の衣装とは違う。全部ほんまものです。足利将軍の甲冑をそろえると、今の値段では一着で約二千万要るんですね。今度、将軍の服装には苦労しましてね。室町将軍は十五代いますでしょう、尊氏以後、最後の足利義昭まで。同志社大学の新町学舎のあるあたりが、室町幕府のいわゆる「花の御所」のあったところです。

十五代におよぶ将軍の肖像画を調べたら、九代将軍の義尚の肖像画が陣羽織です。あ、よいのが見つかったと。論拠がないと具合が悪いんですね。だれかに質問されたとき、これが典拠ですとちゃんと言わなきゃならんでしょう。義尚の肖像画によれば、約六百万でできる。楽屋の話をするつもりじゃなかったんですけれども。立派な衣装でしたと多くの皆さんに喜んでいただいたんですが、行列の室町将軍は冑をかぶってない。あれ、鎧《よろい》が全部見えないのはどうしてかと、疑問に思った人が何人おられたでしょうか。これはひとえにお金がないからです。平安講社をはじめとする方々の募財のお金です。お金が寄れば、もうちょっと派手な衣装もできたんですが、しかしいんちきではありません。ちゃんと典拠がある。足利義尚将軍の衣装とそっくりの復元をしているわけですから、足利将軍の衣装であることに偽りはありません。

京都にはお家元がたくさんありますね。お茶のお家元は、裏千家、表千家、官休庵、藪内《やぶのうち》。狂言は、大蔵流の茂山家、家元は京都でしょう。能は観世流、お花は池坊《いけのぼう》でしょう。茶、能、狂言、お花など、それらはすべて室町時代から登場します。

皆さんが、京都の庭園めぐりをされるでしょう。銀閣寺なんて寺は本当はないのです、これは慈《じ》照《しょう》寺。慈照寺に銀閣と称する建物があるので、俗称銀閣寺という。金閣寺なんて寺もありません、これは鹿苑寺《ろくおんじ》。鹿苑寺に金閣と称する建物があるわけですが、金閣は三代将軍義満がつくった。銀閣は八代将軍義政がつくった。大徳寺の真珠庵、西芳寺すなわち苔寺、あるいは天龍寺の庭園など。京都の有名な名園は南北朝から室町時代にできた庭園が多い。京都の祭りに室町時代がないなんていうのはもってのほかです。十九年かかって、やっとできたわけです。時代祭がつづく限り室町時代列もつづきます。

なぜそんな話をしたかというと、あのようにすぐれた庭を造ったのは、山水《せんずい》河原者と当時の人が差別した庭師の人びとです。河原者と呼ばれた庭師があのように立派な庭を造ったんですね。例えば、銀閣の庭を造ったのは山水河原者の善阿弥です。名園めぐりをする皆さんが、差別された山水河原者が庭を造ったということを、何人の人が実感されているでしょうか。

私は、京都観光には人権ガイドの観光がいると考えまして、世界人権問題研究センターでは人権ガイドを養成しています。人権ガイドができても、案内してくれという人が来なければ機能しませんが、おかげで、人権ガイドの御要望があって、活躍していただいております。人権の視点からも京都観光をしていただきたい。観光という言葉は、たんなるレクリエーションではありませんよ。これは、『易経』の中の「観国之光」に由来します。これを略して観光というんです。国の光を観るんです。国の光、地域の輝きを観るのが観光ですね。

ですから、京都の庭園めぐりをされるときには、差別された庭造りの皆さんが、この庭を造ったということを思い浮かべていただきたい。

その善阿弥の子どもは、小四郎という人。その小四郎の子ども、つまり善阿弥の孫が、又四郎という人です。この又四郎のことが、『鹿苑日録』という室町時代の高僧の日記に出てくるんです。延徳元年、西暦で申しますと一四八九年の六月五日のところに、又四郎の言った言葉が書いてあるんですね。私は、これを読んだときにジーンと胸にこだましました。

又四郎が、相国寺の和尚に言うんですね。「それがし一心に屠家に生まれしを悲しみとす」と。屠家というのは、けものの皮をはぐ仕事の家のことです。「ゆえに、ものの命は誓ってこれを断たず」「又、財宝は心してこれを貪らず」と。防衛省の元次官に聞かせたいような言葉ですね。私は、この言葉に感動しました。こういう人が、あのような名園を造ったのです。命の尊厳を、圧迫された人間である故に知ってるんですね。

竹下登さんが内閣総理大臣のときに、ふるさと創生資金というのをつくられた。一億円を各市町村にあげた。これが一九八八年です。有効に使われたところもあるけれども、無駄遣いしたところもたくさんある。そして、地方の時代ということが言われました。そして、今や地方分権ということが盛んに言われています。私はこの「地方」という言葉は大嫌いです。なぜなら、明治以後の地方というのは、中央を前提にした言葉だからです。

御承知のように、明治四(一八七一)年七月十四日、廃藩置県の詔が出されました。藩をやめて全国に県を置く。日本国は中央集権体制になりました。それまでは幕府はありましたけれども、各藩がまずあったわけですね。江戸時代の「お国」、お国自慢の「お国」は藩を指します。宮津なら宮津藩。

私の住む亀岡なら亀山藩。「国《くに》」といえば国家のことでなく藩のことでした。そうではなくて、日本国という国の中に権力を集中したわけです。だから、明治四年以後の地方という言葉は、中央を前提にする地方になります。

私の論文や著書をお読みいただいたらわかりますが、私は地方という言葉は使わないことにしている。地域と表記しています。やむを得ず使うときは、括弧をつけているのは意味があるのです。室町幕府の職制に地方頭人《じかたとうにん》があり、江戸時代の農政や農民にかんする書物を地方書《じかたしょ》とよんだり、名主《なぬし》（関西では庄屋）・百姓代・組頭を地方《じかた》三役などと称する地方は在地を意味しています。

地方分権と言うけれども、その地方は中央を前提とする地方で、実際は中央の権限の一部を各自治体に譲って、しかも交付金は削っている状態です。地域に根ざした地域分権が必要です。

江戸時代にはこの「地方」という漢字は、ジカタと読んでいました。例えば、地方三役、これは町方《まちかた》に対する地方《じかた》なんです。これらは、中央を前提にする地方とは全く違う。中央あっての地方というような考え方で、地域の分権が具体化するはずはありません。私は、地方《じかた》に根ざす行政をめざしてほしいと思っています。

ローカルではありますが、グローバルをめざす。略して、これを私はグローカルと言っている。『朝日新聞』に、昔グローカルと書いたら、先生グローバルの誤字ですかといわれました。今では、アメリカの有名な先生もグローカルを使っています。グローカルな視点がいるんですね。地域ばっかり言うていては地域エゴイズムになります。お国自慢と変わらない。比較の視座がないですからね。

私は、これからの自治体行政は地方《じかた》行政をぜひしていただきたい。これは発想の逆転です。決して中央を軽んじろと申しているのではありません。地域に重点を置いて考える。中央から見るのではない。これは、最近言い出したのではありません。私は歴史学者ですが、そのことは早くから指摘してきました。日本の歴史でも、都を中心に考える「中央史観」が多いですね。奈良時代ですと平城京を中心に歴史を考える。平安時代ですと平安京を中心に考える。文化も都から各地へ拡がったように考える。それはとんでもない間違いですよ。こうした歴史の見方を中央史観と呼んでいます。私どもは、そうした歴史の見方や考え方を克服する必要がある。

忘れもしませんが、一九七四年、『読売新聞』の全国版、四月三十日の朝刊に「中央史観の克服」というエッセイを書いています。これは、私の本の『古代再発見』(角川選書)の中にも収めていますが、三十数年前からそのことに気づいておりました。いわゆる中央から物事を考えるようなことで、いわゆる地方分権が具体化するはずがない。

私は、命の尊厳を重視すべきであるということを、これまでいろいろ折あるごとに申してまいりました。

今、世界の各地で唱えられている人権は、個の人権と人権の普遍とに両極分解している。国連の今の事務総長は、お隣の韓国の外務大臣をおやりになった潘基文《パンギムン》先生。これも私は大事なことだと思っている。国連の事務総長は韓国人ですね。世界の文化、教育の中心はユネスコですよ。ユネスコの事務局長は、日本人です。松浦晃一郎さん。前のフランス大使です。政治、経済、軍事の中心の国連の事務総長は韓国人でしょう。世界遺産を決めているのはユネスコですね。そのユネスコの事務局長は日本人です。アジア人が、今世界の中心の組織をリードしていることを、私どもはもう一度考える必要がある。

国連の事務総長のことは盛んにマスコミは書きますが、ユネスコの事務局長のことはあまり報道しない。ユネスコの本部はパリにあります。私は、松浦さんがフランス駐在の大使でありましたおり、ちょうど京都の時代祭をフランスで実施しました。私が解説したんです。シラク大統領は日本のことをよく知っておられます、私が会ったときに、三二回日本には行ったとおっしゃいました。相撲が大好きでしたね。時代祭行列にも興味を持っておられた。

パリにユネスコの本部があります。一九七三年の六月、雅楽の訪欧公演のおりには団長として参加しましたが、ユネスコの本部でも演奏し、講演しました。そのユネスコにも大使がいるわけです。日本の外務省からユネスコ大使が派遣されている。今度、石見《いわみ》銀山が世界遺産になったでしょう。私は、島根県立古代出雲博物館の名誉館長をしておりますが、石見銀山が世界遺産として四月には必ず決定するという情報だったので、七月からの特別展は石見銀山展を企画していました。そしたら、世界遺産の委員会から、クレームがついたんですね、六月の初めのことです。決定をみなかったら特別展覧会はどうしようもない。そこで、私どもは日本のユネスコ大使をはじめとしてそれなりに運動しました。おかげさまで決定しました。

人権を生かすためには、地域をもっと重視する必要がある。人権の普遍だけでなく、そしてまた個人の人権ばかりでなく、個と普遍の中間が要るわけです。命の大切さを地域で活かす。戦争の問題もそうでしょう。環境の問題もそうです。核兵器による大量虐殺も環境の破壊も命の問題にかかわる。人権問題に熱心な人びとが、環境問題にはとかく無関心です。

環境は環境、人権は人権と分けてはならない。行政も縦割りではうまく機能しません。

命の輝く行政を地域に根差してぜひ展開していただきたい。地域がもっとも大事ですね。いわゆる中央も大事ですが、中央がすべてではありません。それぞれの自治体がしっかりしなければ、日本国の未来はない。命の輝く地域に根ざした行政をぜひ目指していただきたい。

一九四九年の春

私の第一論文集ともいうべき『日本古代国家成立史の研究』（青木書店、一九五九年十二月刊）の〝あとがき〟に、つぎのように書いたことがある。

「本書の誕生を前にして、いま多くの方々の学恩をひしひしと感じている」と、恩師・諸先輩の学恩に感謝しながら、「とりわけ一九四九年、当時在職していた園部高校で、部落出身生徒をめぐる差別問題がおこり、部落問題を身近かに感得して、部落問題研究所の発足と同時に研究所に関係するようになったことは、わたくしの生涯にとってきわめて有意義なことであった。あえて『律令制における賤民支配』を本書に収めたのも、このこととけっして無縁ではない。調査・研究の上で刺戟を与えられた研究所関係の人々にも御礼を申し述べたい」。

この〝あとがき〟の文の一節のみでは、読者の方々には、いまひとつ納得してもらえないかもしれない。しかし一九四九年の春は、いまも忘れがたい部落問題とのありがたい出会いの節《ふし》であった。

当時、京都大学文学部の学生であった私が、助教諭の資格で、三回生のおりに、京都府立の園部高等学校の教師となったのは、たまたま山陰線の車中で、中学二年生の時に教えていただいた岡田四郎先生に出会ったのがきっかけである。「いま、どうしているか」と聞かれて、京大で歴史学を勉強していますと答えたところ、「それは都合がよい」、教師が足りないので、園高へきて、歴史の授業を担当してもらえないかということになった。

現在では考えがたい話だが、ほんとうの話である。「教員免状はまだありません」と申しあげたが、園高の校長（のちに鴨沂高校校長）であった岡田先生は、「助教諭」という制度があるからということで、生徒諸君とはわずか四歳ばかりの年長にすぎない私が、風呂敷きづつみを抱えて（皮製の鞄を買ったのは、一九五〇年の十二月、岩波書店『文学』に執筆した論文で、はじめて原稿料なるものをいただいて購入した時からである）、週に四日、亀岡から園部へと通勤することになった（土方鐵さんと出会うようになるのも、この園高時代である）。

この年の教え子（それぞれ第一線で活躍しておられる）が主催する同窓会には、いまも出席するようにつとめているが、その園部高校で就任間もなしに、差別事件がおこった。

事件の内容は（その場にいたわけではなく、糺弾の場で真相をうかがった）、聞けば生徒会の会長候補の立会演説会で、部落出身生徒の演説中に、聴衆の生徒が差別のヤジをとばしたという。そのことが判明して、部落解放委員会（部落解放同盟と改称されたのは、一九五五年の八月）による園高糺弾闘争が展開された。

教職員の会議が緊急に招集され、解放委員会の人びとが学校の責任を追及した。岡田先生からは「上田君はまだ学生だから出席しなくてもよいのではないか」といわれたが、教壇にたってほどないとはいえ、やはり一斑の責任はあると思って、その末席に列なった。

そのいわゆる糾弾の場で熱弁をふるっておられたのが、若き日の三木一平さんであった。説得力にみちていたが、ひとりひとりを問責されるその態度がいかにも烈しい。

終りのころに私の番となった。どのように申したか、正確にはおぼえていないが、教育の責任は追及されてしかるべきだが、問責のみでは問題の本質を解決できないのではないかというようなことを喋った記憶がある。

会議が終わって、教職員の反省会があり、帰宅しようと思っているところへ、園部の〝よろず相談所〟（部落の会所）から電話があって、「上田をよこすように」とのこと。緊張してでかけたところが、三木一平さんたちが待ちかまえていて、「お前さんは見込みがある」と、夜を徹しての話合いになった。観念的にしか理解していなかった部落問題を（もとより今もなお充分ではないが）、三木さんが中心になって、その現実と本質とを、おのが実践をまじえて力説された。終りのころから酒宴となった。それは私にとってのまことにありがたい出会いであった。

こうして三木さんのさそいで、部落問題研究所とかかわりをもつようになる。創立当初のころの研究員となり（後に研究所員となる）、雑誌『部落問題』（後に『部落』）に、ささやかな調査と研究の成果の一部を発表することとなったのも、そうしたいわれがあってのことであった。

京都市中京区両替町二条下ルにあった北大路書房に、創立のころの機関誌『部落問題研究』の発行所があって、そこで温厚誠実な木村京太郎さんとはじめてお会いした。一九五一年に、研究所は下京区の河原町七条西南角の、懐しい建物へ移転した。

一九五〇年の七月末に、園高教諭（同年三月、京大卒業にともなって、助教諭から教諭となる）から鴨沂高校へかわり、北山茂夫・奈良本辰也・林屋辰三郎の各先輩とのつながりはいっそう深くなった。研究所の初代所長は新村猛さんであり、社団法人部落問題研究所の初代理事長が奈良本辰也、常務理事が木村京太郎・三木一平、理事は北山茂夫・林屋辰三郎・高桑末秀・小林茂の各氏という顔ぶれであった。

一九五三年の五月、『新しい部落の歴史』が研究所から発行されたが、その古代・中世は私が執筆した。小冊子（B6判、一三〇ページ）ではあったが、部落史研究にかんする私にとっての想い出の書のひとつである。

一九五四年から林屋辰三郎立命館大学教授を中心に、部落史にかんする綜合的研究がはじまり、私もまたその編纂に参加した。一九六〇年の六月には『部落の歴史』（共著、三一書房）、一九六一年二月には『部落問題入門』（共著、部落問題研究所）が公にされ、一九六五年の十二月には『新版部落の歴史と解放運動』（共著、部落問題研究所）が出版された。古代・中世を私が、近世を原田伴彦さんが執筆することになって、原田さんとたびたび打合せをした。いまでは青春のつきぬ想い出である（なお同書のあとがきは私が執筆した）。

一九六三年の六月に「いわゆる人種起源説の再検討」（『部落』一六二号）を公にし、異民族・異人種起源説のあやまりを、史料にそくして問いただした。そのおりの問題意識は消えることなく、その後の私みずからの古代史研究のなかに、なお持続しているつもりである。

古代の日本における殺牛馬の信仰を、東北アジアから東南アジアにかけての史料・遺物・遺跡・習俗をめぐって、検証しつづけてきたのも、さらに古代の日朝関係史のあらたな解明に、私なりのささやかな努力を積み重ねてきたのも、かえりみれば、ありがたい部落問題との出会いを、その発端としての探求であったといえるかも知れない。

一九五六年十二月、人権週間にちなんで朝日新聞大阪本社が連載した「部落・三百万人の訴え」、ついでNHKの大阪放送局がはじめて取り組んだ教育テレビの「部落」など、部落問題を媒体に、朝日新聞の林神一さん・平野一郎さんをはじめとする方々や、NHKの田辺宏さん・福田雅子さん、当時のBKの皆さんなど、それ以前の寄稿や出演でのふれあいとは、ひとあじもふたあじも違う、人間としての交わりを続けさせてもらえたのも、ひとえに、部落問題との出会いがあってのことではあった。

一九六五年の六月に『帰化人』（中公新書）を世に問うて、古代における「帰化」と「渡来」の原義を明らかにし、渡来の波を史実に照射して提起したおり、「いわゆる通念としての『帰化人』観は、再検討されねばならない」と強調したのも、その前提には鴨沂高校教諭のおりのクラスの生徒朝野光照君との出会いからのことだった。彼の差別のなかの在日朝鮮人生徒としての生きざまは、家庭訪問をした担任の私に柳行李からとりだして見せてくれた、赤茶けた三・一独立運動の活動家を銃殺処刑している写真にも反映されていた。そして、あるいは鴨沂高校における不十分ながらの同和教育の実践（京都府立同和教育研究会会長をへて、のちに全同教副委員長となる）があった。全国同和教育研究者協議会の広島大会で出会った門田秀夫さんとのつきあいも、同和教育を通じてであった。

したがって『帰化人』の終章で、「わが国における差別の実態は、ふつうに六千部落三百万人といわれている被差別部落の現状に、はっきりと見出すことができる」と書いたのは、古代史の問題も私にとっては、たんなる過去の問題とは考えていなかったからである。

一九八九年の六月、『部落解放史』（部落解放研究所）の編纂に加わって、上巻古代を編集・執筆したが、そこには『帰化人』以後の私なりの研究の成果の一部を簡単に要約した。これも、こうした歩みにつながってのことであった。

京大を卒業してから一九九〇年三月で満四十年になる。歳月は早くもすぎて、京大の在職約二九年、一九九一年の三月には、京大を定年退官した。古代史にかんする処女論文を『国史学』（五五号、一九五一年七月）に発表してからちょうど四十年。京大ではじめて開講して今日におよぶ部落史ゼミ、そのおりおりのゼミ参加の学生諸君との出会い、京大の全学組織の同和問題委員会の発足から現在までの軌跡（一九八七年四月から委員長）、その歩みは遅々たるものではあったが、私にとってはいずれもが、さまざまな想い出と重なりあう。くりかえしになるが、部落問題のきびしさと重さと深さ、その出会いなくしては、いまの私はありえなかったのではないかと、しみじみと回想する。

これからも部落問題に学び、在日の韓国・朝鮮人の問題をはじめとする、さまざまな人権問題に、生涯をかけて学習したいと願っている。いわゆる生涯学習も人権学習と無関係ではないと考えているからである。

（二〇〇九年の四月二十日、はからずも韓国の大統領から、外国民間人最高の勲位という修交勲章崇禮章を受けた。多年の古代日本と朝鮮半島との交流史の研究をはじめ高麗美術館創設の尽力、民団・総連・京都市国際交流協会の友好組織〝めあり〟（こだま）の結成推進、朝鮮通信使四百年の記念事業への協力などが評価されてのことであった。今後も南北の分断やイデオロギーを越えた友好親善に寄与したいと願っている。）

「郷土同じからず」

ふるさとをもたない人間は、この世にひとりもいない。しかし、中国の古典である『晋書』（楽志）に「郷土不ㇾ同」（「郷土同じからず」）と記すとおり、すべて人間のふるさとは決して同じではない。たとえば生まれ故郷が同じであっても、その生まれた境遇はそれぞれに異なっているし、育っていった環境にも差異がある。

生まれ故郷で成長し、生まれ故郷でこの世を去ってゆく人もあれば、働く職場が変わって転居する人、結婚によって生まれ故郷を離れる人もあれば、強制連行や戦争などによって、やむなくふるさとを棄《す》てざるをえなかった人びともある。在日二世の多くの方々は、日本帝国主義による植民地支配の犠牲となって、故郷を旅立つことをよぎなくされた。

私には三つのふるさとがある。私の出身地は京都西陣である。応仁・文明の大乱後に西陣に住みついた織屋の次男だが、父が兵庫県の城崎温泉（現在の豊岡市城崎町湯島）に呉服店を営んで、一九二七年の四月二十九日に私はそこで生まれた。出生地は兵庫県の城崎である。朝日新聞社の『新人国記』に、京都西陣の項で主としてそのひととなりが述べられ、兵庫県の部でもとりあげられたのはそのためであった。

そして中学校の二年を修了すると同時に、京都府亀岡市曽我部町穴太宮垣内一番地に鎮座する、延喜式内の古社小幡神社の社家第三十三代を継承することになる。この地ですでに六十七年、二〇〇六年の十月には亀岡市の名誉市民となり、滋賀県八日市市の市民大学学長や八日市市史の企画編集委員長を多年つとめた功績で、二〇〇四年の八月には八日市市（現東近江市）の名誉市民になっている。三つのふるさとは共に私の誇るべきふるさとである。

ふるさと創生

山陰線で車窓から円山川《まるやま》がみえると、生まれ故郷の但馬そして城崎での幼き日の思い出が走馬灯のようにつぎつぎによみがえってきます。〃ふるさとの山、ふるさとの川、ふるさとの人はありがたきかな〃それが私の実感です。

昭和二（一九二七）年の四月二十九日、私は父佐々木政次郎と母きみの次男として、城崎町湯島に誕生しました。一ノ湯の近くの呉服店でした。父は京都西陣の織屋（屋号綸清）をつぎましたが、大正十四（一九二五）年の五月二十三日、午前十一時十分ごろに勃発した北但大地震のあと、その復興の機運と地元の知人の要請もあって、城崎に呉服の店をだしました（のちに蒲団店なども営む）。したがって、私が生まれたころは、開店して一年ばかりがたった時期です。当時としては珍しい洋風二階建ての店舗でした。

私の曽祖父の佐々木清七は、いわゆる東京遷都《せんと》によって事実上江戸（東京）が日本の首都となり、京都が衰退してゆくなかで、西陣機業の復興に尽力しました。明治十一（一八七八）年にジャカード織機を民間ではじめて購入し、同十四年からはこれに工夫を加えて自家工場で使用しました。明治十八年に設立された西陣織物業組合の初代組合長となり、のちに商工会議所議員になっています。

明治五年に京都府の援助をえて、佐倉常七ら三名がフランスのリヨンに派遣されましたが、その目的は絹織物の技術習得と新しい織機導入のためでした。帰国後の佐倉をはじめとする技術者を集めて、経営者となり、西陣織の技術改良と業界の発展につとめました。佐々木清七が技術者としてもすぐれていたことは、明治二十六年のシカゴ万国博に出品した「祇園会《ぎおんえ》の図繍珍壁掛《ずしゅうちんかべかけ》」の大作（京都国立博物館に寄託）や明治二十八年の第四回内国博覧会の出品「小袖幕之図繻珍掛幅」の傑作（西陣織物館蔵）をみただけでもわかります。

したがって、私の出身地は京都西陣ということになりますが、出生地はまぎれもなく但馬の城崎でした。

「朝な夕なにさえざえと　み空にたてる来日のみねの　おおしき姿はわれらの姿　きたえよゆけよ勤勉努力　道ははるけくのぞみは高し

とおき昔をそのままに　流れてやまぬ円山川の　たえざる心はわれらの心　おさめよゆけよ勤勉努力　道ははるけくのぞみは高し」

この歌は城崎尋常小学校の校歌であり、作詞は名校長の白瀧五郎先生でした。

白瀧校長先生のお住まいは、私の家の近くにあって、父母と一緒にご挨拶にいって、笑顔で応対してくださった日を、幼なごころに覚えています。城崎幼稚園をへて、城崎尋常小学校に入学したのは、昭和九年の四月でした。小学校五年生のおりは、家庭の事情で、京都西陣の桃薗《とうえん》小学校に在学し、六年生のおりには再び城崎小学校に転学して、昭和十五年の三月に卒業しました。同年四月、兵庫県立豊岡中学校に入学、一年三組の級長になりました。当時の級長は学校の任命で、小学校の級長も三年生のころから回を重ねました。桃薗小学校はわずか一年の在学でしたが、全校でひとり、毎年桃華《とうか》賞《しょう》を贈るしきたりがあって、幸いにも桃華賞を受賞しました。

今にして思えば、城崎小学校の校歌の一節、「きたえよゆけよ勤勉努力　道ははるけくのぞみは高し」が、幼き日の目標であったような気がします。豊岡中学校入学のおりに、父が急性肺炎で病死し、母たちは店じまいをして京都西陣へ帰京しましたから、豊中の一年間は父母の親友の安田篤治さんが経営しておられた旅館「はし本や」さんのお世話になりました。そのご恩は忘れられません。昭和十七年の四月、京都府立第二中学校に転入学して、國學院大學専門部、京都帝国大学文学部へと進学することになります。そして京都二中二年生を修了したころ、母と親交のあった京都府亀岡市の延喜式内社小幡神社の社家の上田家の三十三代目をついで現在にいたっています。

したがって、私のふるさとは三つになります。ひとつは京都の西陣であって、私の出身地です。ふたつは生れ故郷の但馬城崎であり、三つは青春期から今におよぶ最後のふるさと亀岡となります。故郷喪失の在日の方々とくらべると、ずいぶん贅沢な話です。しかし、そこには幼少期のくらしの苦楽が重なっています。

小学六年生のころに小学校の学芸会で芝居を創作して演出し、白瀧校長先生と田中隆之助先生にほめていただいた記憶があります。田中隆之助先生の印象はあざやかです。国史の授業で、国生み神話をとりあげられました。イザナギノミコトとイザナミノミコトの両神が、天の沼矛《ぬぼこ》を「塩こをろこをろ」（海水をころころ）とかきならして、その沼矛を引き上げられたところ、矛のさきからしたたりおちた塩がつもっておのころ島ができたと『古事記』に記されている有名な神話です。神話と歴史の区別もわからない私は、教室で田中先生に質問して、「そんな不合理な話は理解できません」と申し上げました。先生はしばらく考えて、「神話は神話です」と答えられました。後になってわかったことですが、昭和十二年のおりに、「神話は神話です」と説かれたのは名答弁でした。納得できなかった私は、帰宅して、父にそのことを告げました。父は顔色を変えて「そんな質問は不敬罪になる」と強く叱られました。昭和四十五（一九七〇）年の十一月に『日本神話』（岩波新書）を出版して、はからずも毎日出版文化賞を受賞しましたが、その祝賀会が京都ホテルで開かれたさい、田中先生にもご参加をお願いして、先生の前で小学校四年生のその時の思い出を語りました。先生は「あなたはすごかったから」と苦笑されました。

小学校時代はガキ大将でした。四年生のころから兵隊ごっこに夢中になって、一の湯の裏側の秋葉山に司令部をこしらえました。木と木の間に板をわたし、約三メートル四方の小屋をつくって、その上に瓦を葺《ふ》きました。その司令部から三方に縄をはって鳴子をつけ、人（敵）が近づくと鳴る仕組みを設けました。後に九州大学農学部教授となった古池壽夫君が副大将格で、古池君の提案によるものがかなりあります。葺《ふ》き瓦はある旅館の改築で、町民運動場の近くに積んであったのを拝借しました。なにしろ大がかりな兵隊ごっこでした。同級の久保田桃三君たちと小学校時代の思い出ともなれば、今でも兵隊ごっこのむかしが必ず話題になります。久保田君は有名な「みなとや」さんの息子さんで、「昭ちゃん（正昭は襲名、旧名は昭二）は、菓子をもっていかなければ、階級をあげてくれなかった」とほほえまれる。

城崎小学校の同級生に遅れて入学してきた在日の張永基君がいます。年長で体格も大きく腕力があって、ヨンギーちゃんと呼んでいました。在日の朝鮮人との出会いはヨンギーちゃんがはじめてでしたが、仲間はずれのヨンギーちゃんとも仲好しでした。

城崎町湯島の谷間を流れる大谿川《おおたにがわ》、そしてまわりの山々、四月の温泉寺の開山忌、八月の盆おどり、十月の四所《ししょ》神社のだんじりまつり、いで湯の里の年中行事は多彩でした。麦わら細工の伝統が城崎湯島の風物詩にいろどりをそえ、だんじりの太鼓のひびきがわが胸にこだまし、子供だんじりの山車で太鼓をわくわくと叩いた幼い日が懐かしく回想されます。開山忌の行列に小僧さんに扮して参加した写真や、裃と袴を着用し、大小刀をたずさえて参列した侍姿の写真も残っています。幼稚園児のころのいでたちでした。

生まれ故郷のご縁もあって、新城崎町発足三十周年を記念する事業のひとつとなった、『城崎町史』の監修を引きうけることになりました。昭和五十六年四月に第一回編纂委員会が開かれ、調査と研究、そして執筆の委員の方々のご協力で、昭和六十三年の三月に『城崎町史』が完成しました。専門委員として参加していただいた安達五男武庫川女子大学教授、伊藤之雄京都大学講師（現教授）をはじめとする各位に改めて感謝します。

いで湯のまちとその山と川は、私にとっての人生のスタートの揺籃《ようらん》の場でした。幼少期を但馬ですごしたことは幸いでした。豊岡中学の軍事教練はきびしいものでした。中学一年生なのに円山川にそっての夜間行軍があり、居眠りしながら歩いていた同級生が、円山川に落ちて溺れるありさま、鉢伏山でのスキー訓練中吹雪のため、ついに道に迷って夜遅く宿舎にたどりついたひとこま。現在の中学一年生では、とうてい耐えがたいと思われる訓練でした。苦しかったし、銃も重かったが、そのようなきびしさが友情の輪をひろげたこともたしかです。上級生と下級生の差は、軍隊に類似していました。「しぼり板」と称するものがあって、放課後教室に残されて、最上級の生徒の鉄拳制裁をうけました。一年三組のだれかが上級生に無礼があったというので、級長の私が代表して撲《なぐ》られたこともあります。上級生と道であえばまず敬礼することが義務づけられていた時代でした。

豊中の入学試験では筆記試験のほかに口頭試問があって、配属将校から「国体の精華を述べよ」と質問されたことをはっきりと記憶しています。豊中に入学した昭和十五年の十一月には、国をあげての紀元二千六百年祝典が挙行されました。豊中の神武山のたたずまいには、私の場合はあしき思い出ばかりが重なります。だがそうした嵐がわれらをきたえたのかもしれません。

〝ふるさとはありがたきかな〟。昭和五十一（一九七六）年の十月三十日、豊岡市の市民会館で、「但馬の古代文化――天日槍をめぐって」の講演とシンポジウムが開催されました。その前日にあった吉永小百合さんらを招いての集いよりも参加者が多く、市民会館は満員でした。作家の金達壽《キムタルス》さん、直木孝次郎大阪市立大学教授、森浩一同志社大学教授、地元からは石田松蔵さん、そして私（京大教授）が加わっての報告と討論でした。講演の最初に登壇した私の眼にまず入ったのは、小学校や中学校時代の同級生多数の姿でした。幼な友達の友情の応援参加でした。

こうしたありがたさは、平成六（一九九四）年の五月一日、出石町の文化会館ひぼこホールで開催された、いずし但馬・理想の都の祭典実行委員会の主催による環日本海歴史文化シンポジウム「渡来の神・天日槍」のさいにも味わいました。金関恕（天理大学教授）、松前健（奈良大学教授）、原口正三（甲子園短大教授）、任東權（韓国中央大学校名誉教授）と私（大阪府立女子大学学長）が参加してのシンポジウムでした。やはり多くの小学校・中学校の同級生がかけつけてくださいました。そしてその夜は、たった一年だけの在学にもかかわらず、豊中の同級生を中心とする有志が、クラス会を開き、はげましをうけました。天の時、地の利、人の和と申しますが、私にとっての生まれ故郷は天と地と人とが輪となってのふるさとです。

亀岡と城崎。その間に全く縁がないかというとそうではありません。丹波亀岡（もと亀山）の生んだすぐれた先学に石田梅岩先生が存在します。梅岩は貞享二（一六八五）年の九月十五日に丹波国桑田郡東懸村（現亀岡市東別院町東掛）に誕生しました。十一歳の時に京都の商家に奉公し十五歳のおりに帰郷しましたが、二十三歳で再び入京して商家黒柳家に奉公します。そして享保十三（一七二八）年、四十五歳にして車屋町御池上ルで、心学の講席をはじめて開きました。あるべき「商人の道」を説き、「人の人たる道」を教えて、心学の祖師とあおがれる業績を残し、延享元（一七四四）年の九月二十四日に六十歳でこの世を去りました。

その石田梅岩先生の名著『都鄙問答《とひもんどう》』は、元文三（一七三八）年の四月二十日ごろから、親しい門弟四、五名と但馬の城崎におもむいて、毎日早朝から午後五時まで、一応はできていた稿本――月次《つきなみ》の会席における問答の筆記――の整理・補訂を行なってできあがりです。この間の事情は門弟のなかの長老斎藤全門の『但馬入湯道の記』によってうかがうことができますが、五月の七、八日ごろに帰京しました。石田梅岩先生の代表作『都鄙問答』が刊行されたのは、元文四（一七三九）年の七月でした。

石田梅岩先生の『都鄙問答』が但馬の城崎で校訂されたことはあまり知られていません。日本における生涯学習の先駆者ともいうべき亀岡の石田梅岩と城崎。その深いえにしに、わが人生が重層します。城崎で生い立った私が、亀岡市の「生涯学習都市構想」をまとめ、私の生涯を亀岡で終えることになるのも、私にとってはそれなりに意味深いと思っています。

人生はそれぞれの人びとにおいてさまざまですが、生まれ故郷をもたぬ人はいません。もちろん戦争や災禍のために祖国を追われ、ふるさとを喪失した人びとは地球上に多数存在します。しかし、それでも生まれた土地はあります。生まれ故郷が楽しいふるさとである人も、悲しい憎むべき郷里である人もいます。生まれ故郷を生まれる子が選択できるはずもありません。生まれ故郷は与えられた「所与」の場です。だが、その生まれ故郷をよきまち・よきむらに変えてゆく力は、人間のみが保有します。甘美なふるさと讃歌にくみすることはできません。幸い私にとっての但馬の城崎は、懐しくもありがたいふるさとでした。けれども、いまの但馬そして城崎がよりよく発展していかなければ、生まれ故郷もたんなる追憶のまぼろしのふるさとになるでしょう。ふるさとの自然、さらに歴史と文化を守り活かすことが、真実のふるさと讃歌となりうるはずです。「在郷織錦」の未来に期待します。そこにこそ、理想の都の祭典の意義があります。但馬で誕生したミュージカル「アメノヒボコ」を助言し、その公演をみたおりに、あらたな但馬人のいぶきを感得しました。二十一世紀に輝くふるさとの創生が、ふるさとのありがたさを増進するにちがいありません。

いま、部落解放運動の課題を考える

二〇〇六年、大阪の飛鳥会問題をはじめとして、奈良、京都と相次いで一連の不祥事がマスコミで大きく取り上げられました。私は大学生の時から、部落解放運動のあり方に深い関心を持ってまいりましたが、このたびの不祥事は戦後の部落解放運動の最大の危機であると案じておりました。

その頃、部落解放同盟の組坂委員長と部落問題研究のさきがけのひとりである原田伴彦さんを記念する原田基金の会（代表をつとめる）でお会いする機会があり、そこで「上田先生、先生の力を貸してくれないか」という要請がありました。そして二〇〇六年の十二月、正式に部落解放同盟中央本部から、提言委員会のメンバーになるようにという依頼がありました。大変重要な仕事ですので、一瞬ためらいましたが、組坂委員長が提言を真剣に受け止めるとおっしゃっているというので、微力ですが、参加することにいたしました。

その後、二〇〇七年の三月五日に、第一回の提言委員会が開催され、そこで選挙が行われまして、座長が私に決まりました。委員会は三月五日から十一月二十六日の間に七回、毎回一時から五時まで熱心に討議されました。十三名（後に二名増加）の委員があらかじめ解放同盟の再生に向かって、どのように考えているかという意見書を提出して、それをもとに討論をすることにしました。

そして、十一月二十六日に提言がまとまったわけですが、みなさん論客揃いですので、提言を上手くまとめることはなかなか難しい。そこで、沖浦先生を小委員長にお願いしまして、小委員会を作っていただき、本委員会とは別に小委員会が四回開催されました。

最後まで論議がありましたので、最終的な文言の修正は座長の私に一任していただき、約三万語という長い提言（「部落解放運動への提言――一連の不祥事の分析と部落解放運動の再生にむけて」）をまとめて十二月十二日に最後の成文を組坂委員長に手渡しました。十分に委員のみなさんの意見が集約できたかどうか、心許ないのですが、私としては心血を注ぐ思いで、毎回参加し、提言をまとめさせていただきました。

部落問題との出会い

今、マスコミその他で戦後の部落解放運動が、ことごとく間違っていたかのように報道されている向きもありますが、私はそのようには考えておりません。

私が部落問題に出会ったのは、一九四九年の四月、大学の三回生の時です。私は当時、亀岡から当時の国鉄山陰線で京大へ通っておりました。一九四八年の十一月頃、列車の中で、中学の担任であった岡田四郎先生と出会いました（このことについては本書所収「一九四九年の春」でも言及）。

当時は戦後間もない時期ですから、歴史の教師が足りず「上田君、日本史の授業を一つ持ってくれないか」ということになりました。そこで翌年四月から、私は京都府立園部高等学校で週に四回、日本史の授業をすることになりました。

教壇に立って二週間め、学校で部落出身生徒をめぐる差別事件が起こりました。当時は自治会活動が活発で、生徒会長にみんなが立候補して、立会演説を盛んに行なっていた時代です。そこで園部町の部落出身のある生徒が立候補した。すると、その立会演説の最中に部落出身の生徒に差別発言をして、投票をしないようにという呼びかけをした生徒が出てきたのです。

立候補した生徒は落選し、父親に自分の受けた差別を訴えました。その父親は、部落解放同盟の前身である部落解放委員会にそのことを報告されて、一九四九年の四月の下旬に部落解放委員会による園部高校糾弾闘争が展開されました。

緊急に糾弾会が行われ、私も教員の末席に連なっておりますから、責任があると考え、糾弾会に出ました。当時の私は、うすうす部落差別があるということは知っていましたが、この事件を通して、初めて、民主主義を標榜している日本国憲法の下に厳然として部落差別が存在することを学びました。一九四九年の四月は、私の生涯にとって忘れることのできない、出会いの時でした。

それはかなり激しい糾弾会で、答弁が悪いとジュラルミン製の灰皿が飛んでくる。その糾弾の最後に私は、部落差別が今もなお厳然としてあるということを本当に学んだという私の思いを述べ、さらに、このような糾弾では恐怖心だけが残るだろうということを申しました。

糾弾会が終わって帰ろうとすると、部落の集会所から学校に電話がかかってきて、私だけ集会所に来るように言われました。校長には止められましたが、私は悪いことを言ったつもりはなかったので部落の集会所に出かけて行きました。そこには、若き日の三木一平さんたちがおられ、「よく来た。お前さんは見込みがある。あれだけはっきり言う言葉には真実がある。協力してほしい」ということになったんです。

そこで私は、京都大学を卒業すると同時に部落問題研究所の研究員になりました。初代の所長は名古屋大学の教授新村猛先生で、二代目が奈良本辰也先生です。私は新村先生の時に研究員になりまして、後に研究所員になりました。そこで『新しい部落の歴史』などを執筆しました。また奈良県の小林部落の調査にも参りましたし、鳥取県の国分の入会権をめぐる差別事件の調査にも参加させていただきました。そういうかかわりで研究者として、部落解放運動の状況は身近に見聞きしておりました。

解放同盟は差別は意識だけではなく、生活実態にある、市民的権利の保障をしなければ、部落は解放されないんだという運動を展開して参りましたが、私はこれは正しい問題提起だったと今も思っています。そして、教科書無償運動あるいは奨学金運動などを展開しました。これらは戦後の部落解放運動の大きな成果です。そして単に部落民の差別解放の運動ではなくて、国際的な反差別の運動に同盟が果たしてきた役割も極めて大きい。

それらの成果を評価した上で、私は、なおかつ、残念ながら部落の完全解放をめざしたはずの同盟の運動には大きな欠陥があったことも率直に認めなければならないと思っています。

今、行政のみなさんの中には「もうこれで、部落に対する行政はしなくてもよくなったんだ」というようなことを公然と言う人がいます。そういうことを言う人は、一体今まで何のための部落解放の行政を進めてきたんですか。運動の側から脅迫されて行政をやってきたんですか。法律は一切がなくなったというのも、不勉強です。

たとえば、人権教育啓発推進法という法律は現在も施行されています。その第一条には「社会的身分、門地、人種、信条又は性別による不当な差別の発生等の人権侵害の現状その他人権の擁護に関する内外の情勢にかんがみ、人権教育及び人権啓発に関する施策の推進について、国、地方公共団体及び国民の責務を明らかにするとともに、必要な措置を定め、もって人権の擁護に資することを目的とする」とあります。

提言の六項目

さて、提言の主な内容についてですが、まず提言をまとめるための意見を各委員が出すことになり、最初に座長の私が意見を提出して討論の材料にしていただきました。その提言はおよそ六項目です。

まず、部落第一主義を克服して、地域に根ざした「人権のまちづくり」の中核に、同盟はなるべきではないか。今大阪府でも、人権のまちづくりの条例が各市町村ごとにできている。そうした平和と人権のまちづくりの中核に、同盟は運動の重点を置くべきではないか。

二番めは、運動方針には国際連帯について書いているけれども、アジアとの連帯の言及が不充分である。たとえば、昨年の同盟の運動方針には、中国を中心にする上海協力機構のことは書いてありますけれども、その他の国々の動向、たとえば「東アジア共同体」の動向などについては触れていません。アジアの最も近い民族の被差別民衆との連帯を、もっと重視してやって欲しいということも指摘しました。

三番めには、同和対策事業特別措置法、地域改善対策特別措置法、いろいろ名称は変わって参りましたけれども、この三三年間に、本来は部落の完全解放を目指すための事業であったはずなのに、事業が目的になってしまった。部落の完全解放の目的がどこかへ行ってしまっている、三三年間に部落解放運動は、魂を抜かれてしまったのではないか。

差別からの人間解放をめざした大正十一（一九二二）年三月三日、全国水平社創立宣言の原点に立脚して、人間の解放をめざす本来の運動に立ち返っていただきたいということを述べました。

四番め、一九九三年に解放同盟は同和対策事業総点検運動を展開しました。そして昨年の総括では、その点検、総点検運動は停滞したと書いてありますが、停滞というような評価では、不十分ではないか。点検運動の停滞というよりは挫折ではないかということを申しました。

そして五番め。一九八一年、北九州で土地転がしの事件がありましたが、この事件が起こった時に徹底的に同盟が自己批判しておれば、今日の不祥事はかなり防げたのではないかというように私は思っており、当時の同盟の大会における記念講演でもそのことについて言及しました。そのためには、同盟自身が、解放運動の新たな運動の理論と併せて、同盟の規約の改正をする必要があるということを指摘しました。

そして最後の六番めは、いわゆる「差別の痛み論」です。その「痛み論」が、他者の共感を呼んではいない。逆に他者を疎外する理論になっているということを書きました。

これは全く私の個人的な意見であって、提言委員会で討論していただく素材の一つに過ぎませんけれども、各委員の方々から貴重な意見をいただきました。前述の内容は私の意見書の例ですが、各委員からそれぞれの思いを意見書として提出していただいて、それを中心に議論を重ねました。そして、ご案内の通りの約三万語の提言をまとめることができました。

私どもは、この一連の不祥事は、偶発的とは思っておりません。一九六五年に同和対策審議会答申が出ました。この答申を受けて、一九六九年に同和対策事業特別措置法が施行されました。しかし、一部の支部は、支部の活動を私物化して、支部の大会さえ一度も開かないし、支部に会計監査もいないという状況が生まれました。それは規約の不備にも原因がある。規約のなかに支部が大会を必ず開くことは明記していない、会計監査を置くことも明記していない、というような規約の不十分さがあります。

そして、責任は同盟だけにあるのではない。行政にも責任がある。行政は同和行政に取り組んできましたが、自信と展望をもって、自ら問題を提起して、未来への展望を明らかにして行政を展開してきた都府県市町村が一体どれだけあるか。多くは受け身の場合が多かったと思います。

運動の側にも行政の側にも弱点がある。したがって多くの心ある市民の共感を、運動も行政も呼び起こすことができなかったのではないか。その結果、部落解放運動は、部落だけがよくなるもので、他は切り捨てられているのではないかというような、ねたみ、ひがみの行政批判、運動批判が起こることになったと考えています。

同盟内の意識の格差

戦後、部落解放運動は、多くの成果を生んできました。しかし、全国的にみますと、支部のレベルに差異があり、同盟員の意識にも落差がある。非常に進んだ、グローバルでしかもローカル、すなわちグローカルな人間解放を目指す運動に取り組んでいる支部もあれば、旧態依然の物取り主義の運動に終始しているところもある。したがって、市民の運動との連帯が非常に進んでいる地域と、ほとんど進んでいない地域があるというような、地域的格差が生まれてきたのでしょう。これはやはり、同盟中央の人材育成の努力が足りないからではないでしょうか。

その点については、この提言にも述べられています。一部ご紹介しますと、中央本部の指導性と、支部のあり方という章がそれです。そこでは四つばかり大事なことを書いています。

一つは、中央本部の方針や都府県連の方針を支部に徹底させると同時に、支部や同盟員の意見を汲み上げるために、支部の幹部を対象とした研修会などを定期的に開催して、風通しを良くしていただきたい。二つ目は、中央本部と支部との間の連絡を密にし、研修会を積み重ねて、真の意味での民主集中を実現していただきたい。三つ目に、中央本部や都府県レベルの熟練した人材を活用したオルグ団を作る。そのオルグ団の人たちが、各支部に対して、計画的な行動を展開する。思いつきではなくて計画的にオルグを展開する。そして支部段階での活動家の育成をもっとやっていただく必要がある。支部の活動家が、特に若い活動家が少ない。支部の規約改正が必要です。このように私どもが書いておきましたのは、今申し上げた状況に関連しての提言です。

これからの部落解放運動は、魅力のある解放運動として展開していただきたい。マイノリティの運動、反差別の運動、さまざまな人権問題に関する運動との連帯ばかりではなく、各市町村での「平和と人権のまちづくり」の中核として、解放同盟支部が活躍して、魅力のある運動を展開していただきたい。特に解放同盟には、人権文化の創造の担い手になって欲しい。これは私と沖浦さんが強く申した点です。

同盟に願うこと

一九九四年、第四九回国連総会は、人権教育の国連十年を決議致しました。そして、「カルチャー・オブ・ヒューマン・ライツ」、人権文化という言葉を初めて使いました。ただし、定義はしておりません。国連は、人権文化というものをどのように定義するか述べていませんが、私は、私なりに、次のように定義しています。「命の尊厳を自覚し」、人権の問題を論ずるときには、まず命の尊さを自覚することが大前提になる。

日本では水道をひねれば水は飲めますけれども、世界の各地の皆さんには水道のないところがたくさんあります。水道をひねってもなかなか飲料水が飲めない。水の問題は命の問題です。国連は飢餓難民という言葉を使っておりますが、現在、飢餓難民は約八億九千万と言われています。京都で第三回水フォーラムが行われた際、私も参加しましたが、分科会のなかで東南アジアのある代表の方が「水の問題は人権の問題である」ことを強く訴えました。私は賛同の意見を述べました。では、環境の問題に部落解放運動はどれだけ協力してきたでしょうか。

私は、「命の尊厳を自覚し、自然とともに人間が人間らしく幸せを築いていく行動とその実り」が「人権文化」であると考えています。

日本の文化を振り返ってみると、いかに被差別民衆が日本の文化を担ってきたかは誰の目にも明らかです。例えば京都の庭園、慈照寺という寺に銀閣と称する建物がありますね。そして室町時代の名勝の庭園がある。いったい誰が作ったのか。当時、山水《せんずい》河原者と呼ばれ差別された庭師が、あの見事な庭を作っているわけです。

観光という漢字の言葉は「易経」から来ていて「観国之光」、これを略して観光と言っています。国の輝きを見せるのが観光だし、国の光を見てくるのが観光の本来の意味です。銀閣の庭に行って、庭を造った山水河原者のことを思わないで京都を本当に観光したといえますか。

そこで、世界人権問題研究センターでは、「人権ガイド養成講座」というのを開きまして、今は実際に十二名の「人権ガイド」のみなさんが活躍されています。おかげさまで、多数の申し込みがあって、十二名ではまかないきれないくらいになっています。

一例をあげると、銀閣の庭を作ったのは善阿弥という河原者です。その孫が又四郎という庭作りの名人です。京都の相国寺の塔頭《たっちゅう》の鹿苑院という寺の代々の僧録司が書いた『鹿苑日録』という日記のなかで一四八九（延徳元）年の記述をみますと、又四郎のことが書いてあります。又四郎は和尚に、「某《それがし》、一心に屠家に生まれしを悲しみとす」。屠家とは皮を剝ぐ家で、その家に生まれたのは悲しいけれども、このあとの言葉が素晴らしい。だから自分は、「故に物の命は誓うて之を断たず」。命は極めて大切にするんだと。動物や植物の命も、軽々しく絶たない、「又財宝は心して之を貪らず」と。これは名言です。差別された痛みを肌に感じているからこそ、このように素晴らしい言葉を室町時代の後期に言う。

私はこの文章を見たときに、本当に胸を打たれました。これは日本文化の根底に流れている精神であって、被差別の民衆が日本の文化の底力になってきたということを、部落のお子さんに、もっと知って欲しい、教えて欲しい。自信を持って欲しい。そして新しい文化を創って欲しい。同盟が新しい日本文化を創って欲しい。文化や心の問題をもっと注目して欲しい。新しい文化運動を展開して欲しいと私は願っております。私のこのような願いはこの提言の中にも盛り込まれています。

それから、やはり情報の時代ですから、メディア、とりわけインターネットに対する戦略がいります。マスコミのみなさんが、部落問題についての勉強をすすんで学んでいけるような環境を作る必要もありますし、悪質なインターネットでの攻撃に、真っ正面から反撃していく体制を整えていく必要もあります。また今、情報公開ということが、行政を中心に言われておりますけれども、大衆運動にも情報公開は必要です。規律ある、信頼される、誰が見ても透明性のある、説明責任の持てる運動を展開していく必要があります。

私は京都の人間ですが、大阪女子大学の学長を六年つとめまして、次第に「大阪にもええところがあるな」と思えるようになりました。ただ、戦後の大阪には活力がなくなってきた。それはなぜか。他力本願でやってきたからです。戦後の大阪は、中央の力をどれだけ取ってくるかということに懸命になったんですね。そして、箱物行政はことごとく失敗した。そうでしょう。

解放同盟だってそうです。他力になってきた。自らの力で、自ら闘って、そして他を巻き込んで行かなければ、運動は展開しません。自力自闘の行動方針を立てて欲しいということも、この提言に書かれていますので、ぜひ試みていただきたい。

国、府の行政に対して、私どもは、たとえば人権教育啓発推進法に、国及び地方公共団体の責任を明記しておりますが、国及び地方公共団体が部落差別に責任が無いなどと言わせるわけにはいかない。それでは、人権教育啓発推進法第一条に反します。国、地方公共団体及び国民の責務を明らかにするということは、現行法の人権教育啓発推進法も指摘しています。

「人権擁護法案」が国会に提出される可能性は今のところ六割ぐらいじゃないかと思っていますが、国の責務はなお存在するわけであって、国に対しても、同盟は当然、要求すべきことは要求していただきたい。人権侵害に対する国の責務を、より明確にするように展開していただきたい。そのことも、この提言の中には書かれています。

全国水平社の創立宣言は本当に素晴らしいと思います。ただ「男らしい殉教の精神だ」、この部分は女性差別になりますね。「人間らしい」とあるべきです。あの箇所を除けばすごい。今でも立派に通用する人権宣言です。人権宣言は世界に幾つもありますけれども、被差別民衆自らが人間解放を宣言したのは、世界でただ一つ、全国水平社創立宣言だけでしょう。

提言の結びのところに、水平社宣言の今日的意義を踏まえた運動の再生という項目を立てております。この中で、全国水平社のことを書きながら、部落解放運動の目的は、まず市民社会の水準に、部落民の生活を向上させることにあるが、それにとどまるものではない。「我々は、人間性の原理に覚醒し、人類最高の完成に向かって突進する」。これは全国水平社創立宣言の綱領に掲げている素晴らしい文章です。「我々は、人間性の原理に覚醒し」、目覚めて、「人類最高の完成に向かって突進する」。この言葉をもう一度思い起こしていただきたい。部落だけじゃありません。全ての人間の、人類全体の解放を、運動の究極目的として、高く掲げていただきたいということを、提言の結びの中で謳っておりますのも、今申し上げたような考え方に基づくからです。

戦後の部落解放運動が積み重ねてきた素晴らしい成果を、今一度しっかりみんなが確認する必要があります。そして同時に、戦後の部落解放運動が失敗してきた、誤ってきた弱点を自ら公にして、その誤ちを早急に克服する必要があります。新たな行政闘争や格差是正の問題も勿論ですが、新しい文化運動を創造していく担い手として、同盟が前進していかれることを、心から期待します。

IV

わが師友㈠

回想　松本清張

清張古代史

出会い

『昭和史発掘』をはじめとする数多くの仕事で、日本の近現代史についての鋭い分析を試みた松本清張さんは、古代史においても注目すべき見解をつぎつぎに発表しつづけた。たとえば、一九六六年の六月から翌年の三月まで『中央公論』に掲載された「古代史疑」、ついで一九七一年の一月から翌年の十一月まで、『文學界』に連載された「古代への探求」（後に半分近くを書き改めて『古代探求』と改題。ともに『松本清張全集』三三巻に所収）、あるいは一九七六年の一月から翌年八月の『太陽』に発表された「古風土記」（後に「私説古風土記」と改題して、『松本清張全集』五五巻に所収）などをあげただけでも、その旺盛な古代史研究への情熱をうかがうことができる。

松本清張さんに私がはじめてお目にかかったのは、前述の「古代史疑」を『中央公論』に連載しておられたおりであった。招きをうけて同じ『中央公論』誌上の座談会「邪馬台国をめぐって」に参加したのが初対面である。その座談会の司会は松本さんみずからがつとめられたが、そのおりに古代史へのなみなみならぬ関心と研究史についての造詣の深さを実感した。それがご縁となって、たびたび座談会やシンポジウムにご一緒することになる。

東大の井上光貞教授と作家の金達壽《キムタルス》さん、そして私が参加した座談会（『日本のなかの朝鮮文化』第八号）の進行役となったのが松本清張さんであったが、学界で井上さんと私とが英雄時代や国県制の問題で論争していることを知っておられて、さかんに両者を挑発されたことを今では楽しく回想する。

一九八四年の七月に島根県斐川《ひかわ》町大字神庭《かんば》字サイダニ（西谷）で銅剣三五八本がみつかり、翌年の七月には銅鐸六個と銅矛十六本が検出された。神庭遺跡だけから、それまでにわかっていた全国の銅剣総数約三百本を超える三五八本の銅剣が出土したので、学界はもとよりのこと、当時のマスコミのビッグニュースとなった。そこで一九八六年の三月二十二・二十三日に松江市の島根県民会館でシンポジウムが実施された。その内容は『古代出雲荒神谷の謎に挑む』（松本清張編、角川書店、一九八七年）として出版されたが、白熱する討論をたくみにリードしたのが松本清張さんであった。そのおりのシンポジウムにも加わったが、対立する論点を提起して、たえずパネラーが論争するようにしかけられた。

ちなみにその銅剣・銅鐸・銅矛の出土遺跡地は正しくは荒神谷ではなく神庭であって、私はその当初から神庭遺跡といいつづけている。出雲ではその後も弥生時代の青銅器文化に対する常識を塗りかえる発掘調査がつづいて、神庭遺跡から直線で約三・四キロの島根県加茂町（現雲南市加茂町）の岩倉遺跡から、一九九六年の十月に、全国最多の銅鐸三九個がみつかった。これまで出雲で出土した銅鐸は、神庭遺跡・岩倉遺跡の銅鐸をあわせて現在で計五四個（伝三個を含む）ということになる。

松本清張さんが生きておられたら、あらたな見解を述べられたにちがいない。その意見を聞けないのが残念である。松本さんの古代史への「史疑」は執拗であった。一九七五年の四月十五日、東京で対談したことがある。その対談は「日本神話の世界をめぐって」であった。もっぱら質問をされるのは松本さんで、私はその疑問に懸命に応《こた》えた。すっかりくたびれたが、その翌朝、私の滞在している宿舎のホテルへ電話で長時間にわたる質問があった。納得できるまでねばり強く「史疑」されるその姿に、改めて感動したことではあった。その対談の内容は松本清張対談『続古代史の謎』（青木書店、一九七六年）に収められているが、今では懐かしい思い出になっている。

『古代史疑』と『古代探求』

『古代史疑』は西晋の官僚史家の陳壽《ちんじゅ》が太康年間（二八〇～二八九）にまとめた魏・呉・蜀の三国にかんする史書『三国志』、そのなかの『魏書』（三十巻）の「東夷伝倭人の条」にみえる邪馬台国をめぐる問題を縦横無尽に論じた松本清張邪馬台国論である。いわゆる「魏志倭人伝」を松本流に解読し、当時の東アジアの動向や考古学の研究成果を背景としながら、その実像に迫ろうとする。

「倭人伝」の国名と馬韓・弁辰の条のなかの国名の間に類似するものがあることを指摘し、卑弥呼の「鬼道」を「東夷伝」の関連すると思われる記事と比較して論述するあたりにも新しい視角がみいだされる。三・五・七の奇数を好む思想的影響が、「倭人伝」の戸数にうかがわれることはすでに白鳥庫《しらとりくら》吉《きち》氏らが述べているが、それをさらに発展させて里数・日数に五行説の思想的反映があるとしたり、あるいは卑弥呼を「ヒミカ（日向）」とよんで太陽信仰とのかかわりを論ずるあたりにも独自の見解が披瀝されている。

『古代探求』は、その冒頭で「邪馬台国」への言及もあるが、本書は『古事記』、『日本書紀』のなりたちとそのなかみにかんする考察であって、その中心は、『記』・『紀』神話とりわけ高天原神話の究明に主眼がおかれている。いわゆる出雲系神話や日向系神話についての論及が少ないのは惜しまれるが、その点については「この続編にあたる『出雲説話』『日向説話』は、機会をみて書いてゆきたい」と付記されていた。

松本さんによれば、「大和朝廷創作の中央神話」と「イヅモ神話とを結ぶ狂言回しがスサノヲであり、中央神話とヒムカ神話とを結ぶそれがニニギの天孫降臨」ということになる。「部分的には前から中央に知られていた出雲や九州」に「独自の地方説話が部分的な資料となっている」けれども、最終的には「『出雲神話』も『日向神話』もヤマト朝廷の机上の創作」とみなす。

松本古代史の『記』・『紀』神話の探求は、『記』・『紀』の文献批判を主たる目的としたものではないので、その文献批判については不充分なところもあるが、松本神話論の重点は、『全集』三三巻の

「付論」に収められている「古代史の空洞をのぞく」に要約されている。これは一九七三年の三月十二日から五回にわたって『朝日新聞』に掲載されたものだが、そのなかで、日本神話のもつ二重構造について、「日本の神話は統治者から与えられた政治的なものばかりではない。早くから民衆の間に伝えられた民間説話や民間信仰といったものもある。これを両者の混淆《こんこう》という学者もあるが、わたしは二重構造だと思っている。後者が日本列島に早くから住むプロパーの民族のものであり、前者があとから渡来して列島を統治した民族のものだからである。それで容易にその区別ができる。もし混淆だったら混ぜかえされてしまって簡単には選り分けができない。神話のもつ『政治性』の有無ないし濃淡が先住と後来の二つの層を色違いのように別《わ》けているのである」と記述されているのがそれである。

日本神話の構造に、いわゆる南方系と北方系とが重層し前者が後者の前提になっているとする見解は、これまでにも多くの人々によって述べられてきた。しかしその二重構造を『古代探求』にみられるように、オオクニヌシとアマテラスの祭祀をめぐって、「前者に南方と南朝鮮系の混合的なアニミズムの色彩が濃く、後者に北アジア系と北朝鮮系の混合的なシャーマニズムの色彩が強い」としたり、「イヅモ民族が、早くから南部朝鮮より渡来して移住し、本州の西端から畿内・紀伊一帯の広汎な地域に先住民（原日本人といってもよい）を制圧していた種族」とみなして、「先住民を南方系を主体とするAとすれば、最初にこれを制圧して占拠したのが朝鮮系移住民Bであり、この先着のB移民の居住地帯・土地勢力を分断して大和を占領したのが後来の北方系朝鮮種族（扶余族、扶余は蒙古の血も多少は入ったツングース系）系である」とする見解などは、著者独自のものである。「後来の北方系朝鮮種族系」を「B^1」とする松本説では、「イヅモ民族（B）といい、ヤマト民族（「天孫民族」＝B^1）といい、大陸・半島系の同一民族」ということになる。そして「Bの波状的渡来は前三世紀ごろから西日本を中心に見られ、それが集団的な渡来移住になったのは紀元一世紀ごろからではあるまいか」と推定される。さらに「B^1が畿内に割り込んできた」のは「三世紀の半《なかば》からであろう」とされ、「BのB^1勢力に対する抵抗運動がいくつか繰り返され、それが完全な『服属』のかたちとなったのは六世紀に入ってからだと思われる」ということになる。

この大胆な「仮説」については「もとより、これはだいたいのところで、その実年代は分らない」とされているが、その「仮説」を前提に、『記』・『紀』神話の「プロット構成」が考察されてゆく。『記』・『紀』神話を基本的に「神代史」とみなす松本説の南方系の先住民を主体とするAの神話伝承の解明には検討すべき課題が多くあり、「イヅモ民族B」と「ヤマト民族」（「天孫民族」）「B^1」との関係についてもさらに論証すべき課題が残されている。そしていうところの「民族」の概念規定そのものが曖昧で、なお吟味すべき問題を含む。さらに波状的渡来や集団的渡来移住の時期についても、今日の段階ではあらたな検討を必要とする。

しかしその独自の論説には注目すべき点がかなりある。とくに古代朝鮮との関連を論じて、祭天の習俗や風水説とのかかわりを説き、あるいは日本の古代の人名について、「日本に無い動物」の名でも日本人名になっていることをみいだし、「人名の付け方ひとつにも古代日本と朝鮮との強い関連」

のあったことをあとづける論証には説得力がある。「『記・紀』の編纂には、漢字のわかる朝鮮渡来人がかなり関係していた」とする見解は、別の分析からも支持しうるところであろう。

松本古代史の課題

松本清張さんみずからは「わたしは日本古代史にはアマチュアであり、門外漢である。だが、専門外の『特権』をみだりに振り回すことはつつしんでいる」と述べる。しかしその内容はけっしてたんなるアマチュアでもなければ門外漢でもない。それはそれぞれのテーマにかんする研究史をかえりみて、その問題点をみずからの疑問と重ね合せて論述する態度と方法にもうかがわれよう。

前にもふれたように、「古代への探求」（後に「古代探求」と改題）は、一九七一年の一月から翌年の十一月まで『文學界』に連載された論説だが、その連載がはじまったころ、一九七一年の『諸君！』（第三巻第三号）で松本清張・三品彰英・大林太良の三氏と私とで〝記紀をめぐって〟意見をかわしたことがある。そして前述したように一九七五年の四月には「日本神話の世界をめぐって」松本さんと対談した（松本清張対談『続古代史の謎』）。

それらの討論や対談でも言及しているが、『古事記』と『日本書紀』をひとくちに一括して『記紀』といい、両書の神話をひとまとめにして『記紀神話』とよぶのには慎重を要する。なぜなら両書の内容にはかなりの差異があるからである。まず文体が、『記』が倭風的漢文体（亜漢文体）であるのに対して『紀』が漢文体であり、『記』が三巻（上巻＝神代、中巻＝神武天皇から応神天皇まで、下巻＝仁徳天皇から推古天皇まで）であるのに、『紀』が三十巻（一・二巻＝神代、三〜三十巻＝神武天皇から持統天皇まで）という文体や巻数の違いばかりではない。

『紀』が巻三以下を編年体で記載するのに、『記』は年月にかけて歴史を叙述する態度はとっていない。そして『紀』が雄略天皇（五世紀後半）以後の記述に重点をおいて実録風に述べるのにくらべて、『記』は神代などの『記』における古代を重視し、仁賢天皇（五世紀末）以降になると説話的部分は激減して系譜本位の記載になってくる。そして『紀』が「一書」・「一本」・「旧本」・「或本」などのたぐいの別伝を数多く引用し、さらに『日本世記』・『伊吉連博徳書《いきのむらじはかとこのふ》』・『難波吉士男人書《なにわのきしおひと》』のほか『日本旧記』・『百済《くだら》記』・『百済本記』・『百済新撰』・『魏志』・『晋起居注《しんききょのちゅう》』など内外の文献をあげて本文を補完するのに、『記』は全く別伝のたぐいを収載してはいない。

和銅五（七一二）年正月二十八日に『古事記』が「献上」されてからわずか八年あまりのあと、養老四（七二〇）年五月二十一日に『日本紀』（『日本書紀』）が「奏」されたのも、両書の編纂目的とその理由・内容には明らかな相違があったからである。

『古事記』と『日本書紀』の神話のすじみちは基本的に天地開闢《かいびゃく》→国生み・神生み→天の石屋戸（天石窟戸）→中つ国平定→国譲り→天孫降臨→海幸・山幸の神話で構成されているが、『古事記』の上巻および『日本書紀』の巻第一・巻第二のいわゆる「神代巻」にあっても、両書の神話伝承には細部においてひらきがあった。まず第一に両書の神代巻に登場する個別神の数が『古事記』には二六七神登場するが、『日本書紀』では本文に六六神、本文以外の神が「一書」一一五神（計一八一神）みえている。そのうちで『記』にみえる神は一一二神で、他の六九神は『記』には記されていない。つまり個別神名の数は『紀』よりは『記』の方が多く、『紀』の一書のみに伝える独自の神名は六九神におよぶことがわかる。このように『記』と『紀』では個別神のありようじたいに差異がある。

問題は単純な個別神名数の違いのみにはとどまらない。

(イ)造化の三神と神世七代の場合。『記』はいわゆる「造化三神」について、「高天原に成《な》りませる神の名は、天之御中主神《あめのみなかぬしのかみ》、次に高御産巣日神《たかみむすひのかみ》、次に神産巣日神《かみむすひのかみ》」とその冒頭に記す。ところで『紀』ではどうか。『紀』はその本文には「造化三神」は載《の》せずに、第四の「一書」の「又曰《またいは》く」として「高天原に所生《なり》ます神の名は、天御中主尊、次に高皇産霊尊《たかみむすひのみこと》、次に神皇産霊尊《かみみむすひのみこと》」と述べている。「至貴をば尊と曰ふ、自余をば命と曰ふ」(『紀』巻第一の分注)という筆法にしたがって、「尊」の字を用いているが、『紀』がとくに「高皇産霊」・「神皇産霊」と「皇」の字をつけているのを軽視できない。皇祖の「産霊神」とする意識は、『記』よりも『紀』のほうに濃厚に反映されている。

いわゆる「神世七代」のあつかいも、両書では異なっている。『記』では『紀』にない「別天神《ことあまつかみ》」(五柱)を特記して、前掲の「造化三神」に「宇摩志阿斯訶備比古遅神《うましあしかびひこぢのかみ》」と「天之常立神《あめのとこたちのかみ》」を加える。そして「国之常立神《くにのとこたちのかみ》」と「豊雲野神《とよくもののかみ》」(独神《ひとりがみ》)に「宇比地邇神《うひぢにのかみ》」・「妹須比智邇神《いもすひぢにのかみ》」以下対偶神十神(二神で「一代」とする)で、「神世七代」を構成した。

ところが『紀』の伝承は、もっと複雑であった。「国常立尊《くにのとこたちのみこと》」・「国狭槌尊《くにのさつちのみこと》」・「豊斟渟尊《とよくむぬのみこと》」の「純男」三神に、「泥土煑尊《うひぢにのみこと》」・「沙土煑尊《すひぢにのみこと》」以下対偶神八神を加えて、「神世七代」を形づくる。しかもその八神の伝承も、本文と「一書」では、くいちがいがある。

　このような「造化」三神、「純男」三神、「別天神」五神、「神世七代」の「三」・「五」・「七」を聖数とする観念は、中国風の思想にもとづくものだが、こうした差異にもみいだされるように『記』・『紀』両書の「神代巻」は、その冒頭から記述の違いがみられる。
(ロ)誓約《うけひ》の神話。『記』・『紀』にはともにアマテラスオオミカミとスサノヲノミコトとが天安河《あめのやすかわ》をなかにして宇気比《うけひ》（誓約）をする神話を書いている。しかしその細部は異なっていて、『記』ではスサノヲの「清明」なる心は、宗像《むなかた》三女神（タキリヒメ・イチキシマヒメ・タキツヒメ）が生成したことによって証明されたと記すが、『紀』では逆に、スサノヲノミコトの「清き心」はアメノオシホミミノミコト以下の五男神が生成したことによって、証明されたことになる。
(ハ)黄泉国《よみのくに》訪問の神話。イザナギノミコトが黄泉国を訪問する有名な神話もまた、『記』・『紀』両書で、その内容にかなりの差異があるばかりか、『紀』では本文であつかわずに、「一書」の所伝を列挙するにとどめている。
(ニ)葦原《あしはら》の中《なか》つ国《くに》の平定。荒《あら》ぶる神の居住する葦原の中つ国の平定をめぐる神話の詞章は、これまた『記』・『紀』両書に記載されているが、重要な点でくいちがいがある。たとえば、中つ国の平定を命ずる高天原の司令神を、『記』が天照大御神《あまてらすおおみかみ》と高御産巣日神《たかみむすひのかみ》（高木神《たかぎのかみ》）とするのに対して、『紀』では高皇産霊尊のみとする（本文と第二・第四・第六の「一書」）。そうした違いは、後述するように『記』・『紀』神話のピークともいうべき、天孫降臨の詞章でも同様であった。

中つ国平定のための派遣神も異なっており、『記』では「建御雷神《たけみかづちのかみ》」と「天鳥船神《あめのとりふねのかみ》」とするのに、『紀』では「武甕槌神《たけみかづちのかみ》」と「経津主神《ふつぬしのかみ》」を記す。

　これらの例のほかにも、いろいろと記録伝承上の相違があって、ひとくちに「記紀神話」などとはいいがたい。しかも『記』のみにあって『紀』にはない神話伝承（たとえば稲羽《いなば》の素菟《しろうさぎ》や八千矛神《やちほこのかみ》＝大国主命の妻どい、あるいは大年神《おおとしのかみ》の神統譜など）もあれば、逆に『紀』だけにあって、『記』にはない神話伝承（たとえば保食神《うけもちのかみ》と月読神《つくよみのかみ》の神話など）もある。私がこれまでの多くの論著で、『記紀』とか「記紀神話」と書かずに、あえて『記』・『紀』あるいは「記・紀神話」というように、両書を区別する表記をしてきたのもそのためであった。

『古代探求』を前提とする松本古代史の『古事記』論・『古事記』神話論、『日本書紀』論・『日本書紀』神話論が展開されずにその探求が終ったのはこころ残りである。『古代探求』の最後に、この続編にあたる『出雲説話』『日向説話』は、機会をみて書いてゆきたいと付記されているが、それに相当するのが、『私説古風土記』（『全集』五五巻）であろう。ここでは和銅六（七一三）年五月二日の政府の命令をうけて編纂された五風土記、すなわち『出雲国』・『常陸国』・『播磨国』・『肥前国』・『豊後国』のいわゆる『風土記』がとりあげられている。

　現地での探訪や考古学的知見などをとりいれての五風土記にかんする考察だが、その考究にも著者ならではの独自の史観と解釈が展開されている。いわゆる『記』・『紀』神話に描かれている出雲系の神話は、『出雲国風土記』が物語る出雲在地の色あいの濃い出雲神話とは異なっている。私があえて

『記』・『紀』の出雲系神話と『出雲国風土記』の出雲神話との差異を、「系」をつける『記』・『紀』神話の出雲系神話と「系」をつけない『出雲国風土記』の出雲神話とに区別をしてきたのもそのためである。

もっとも『肥前国』や『豊後国』の『風土記』のように、その仕上げにあたって、大宰府の有力官人たちが『日本書紀』の用字や記述内容を参照した箇所もあって、『風土記』だからそのすべてが当該地域の「古老相伝ふる旧聞異事」が記録されているとは限らない。

『私説古風土記』では、原「五風土記」の成立事情にかんする論述は少ないのが、その『古風土記』論をよりリアルにしえていないところが弱点となっている。だがたとえば『播磨国風土記』における朝鮮半島からの渡来伝承への注目や「稿本のままで資料の整理がおこなわれていない」などの指摘には傾聴すべきものがある。

『出雲国風土記』を天平五（七三三）年の再撰ではなく、天平五年の初撰とみなす説も妥当であろう。「結論」として現伝（原伝ではない）の「五風土記」は、延長三（九二五）年の「風土記再撰上の命令によって提出されたもの」とするのが松本説である。すなわち「延長三年の通達を受けて各国の役人がそれぞれの国庁にあった副本を忠実に筆写して提出したから、副本（初撰本の写し）の古文体がそのまま伝えられた」とみなす。

この説の当否はともかく、「古風土記」に副本のあった可能性はありうる。そもそも『風土記』という書名は和銅六年の撰進の命令じたいにみえず、「古風土記」の古い写本にも『風土記』とは書かれていない。たとえば『出雲国風土記』はたんに『出雲国』と記すにすぎない。太政官の命令をうけて国ごとに提出した「解《げ》」(上申文書)がいわゆる『風土記』の本体であって、最終的には国衙《こくが》(九州の場合は大宰府)を媒介として提出された公文書であった。その場合に写しとしての「副本」が残されていた可能性は濃厚である。

ついでながらにいえば、『風土記』という書名がはっきりとみえるのは延喜十四(九一四)年の三善清行《きよつら》の「意見封事」で、彼は寛平五(八九三)年備中介に任ぜられた時に「彼の国の風土記」をみると記す。

松本古代史では用字が必ずしも統一されておらず、たとえば「ヤマト朝廷」と書くところと「大和朝廷」と述べたりするところとがある。専門の研究者でも用字が無限定になっている場合が多いけれども、「大和」の用字は『記』・『紀』にはなく、『養老令』にみえて、その施行(天平勝宝九年=七五七年)された五月以後に「大和」が使われるようになる。

それにしても縦横無尽に書きつづられた松本古代史には、今もなお示唆にとむところがある。一九七二年の三月、奈良県明日香村檜前《ひのくま》で検出された壁画古墳「高松塚の製作年代再論」(『朝日新聞』夕刊、一九七三年六月二十九日、『全集』三三巻付論)で、当時の学界ではその壁画を七世紀の後半から八世紀初頭の製作とする見解が多数を占めていたのに、松本清張さんは「平城遷都後」すなわち七一〇年後とする説を提起されていた。現在の学界では、七世紀後半説は後退して八世紀の初葉とする説が有力になっている。松本古代史の問題提起のありようを物語るひとつの例といってよい。

清張追想

一九四八年一月二十六日、いわゆる「帝銀事件」が勃発した時、私は京都大学文学部の二回生であった。戦後犯罪史の初期における特筆すべき事件となったが、その容疑者として平沢貞通画伯が逮捕されたのには驚いた。なぜ平沢画伯なのか、その謎がわが胸にわだかまった。翌年の七月六日、前日から行方不明になっていた下山定則国鉄総裁の轢死《れきし》体が、常磐線の綾瀬駅付近でみつかった。警視庁は自殺とみなして捜査を打ち切ったが、轢死を自殺とみなした理由があいまいで、私には不可解な事件となった。

一九六〇年に松本清張さんが執筆された『日本の黒い霧』を読んで、私が抱いていた疑問への答えがいくつか用意されているのに深い感銘をおぼえた。関係のデータをひろく集め、時代背景のなかで、あざやかに推理してゆくその手法が新鮮であった。後に古代史に対するみずからの懐疑を、丹念に史料を分析して解明する松本清張さんの仕事と接する機会が多くなって、松本さんの「古代史疑」と「現代史疑」の手法には、『日本の黒い霧』と共通する手法のあることを実感した。松本清張さんはすぐれた古代史家であり、傑出した現代史家であった。

一九四四年の四月に國學院大學専門部に入学し、一九四七年の四月に京都帝国大学（後の京都大学）文学部に入学した私にとっては、戦中から戦後へのまっただなかが青春のピークであった。世のなかの価値観が激変するのを身をもって体験した痛恨の激動期であった。権力の欺瞞とイデオロギーの虚構を肌で感じた私が、松本清張さんの史観に共感するところが多々あるのも、あるいは痛恨のわが青春譜にかかわりがあるかもしれない。

松本清張さんに私がはじめてお目にかかったのは、一九六六年の六月から翌年の三月にかけて『中央公論』に「古代史疑」を連載しておられたおりであった。同じ『中央公論』誌上で、三品彰英・牧健二・佐原真の各氏と私が招かれて、松本さんの司会のもとで〝邪馬台国をめぐって〟の座談会に加わった。それがご縁となってたびたび座談会やシンポジウムでお目にかかることになる。東大の井上光貞教授と作家の金達壽さん、そして私が参加した座談会(『日本のなかの朝鮮文化』第八号)の司会をつとめられた松本さんは、井上さんと私が英雄時代や国県制問題で論争していることを知っておられて、さかんに挑発されたのを、今でもはっきりと記憶している。

一九八四年の七月に島根県斐川町大字神庭字サイダニで銅剣三五八本がみつかり、翌年七月に銅鐸六個、銅矛十六本が発掘されたのをうけて、一九八六年の三月二十二・二十三日に松江市の島根県民会館で実施されたシンポジウムでも、司会の松本清張さんは、たくみに対立する論点を提起し、たえず論争をしかけられた。

松本さんとは「日本神話の世界をめぐって」対談したこともあるが(一九七五年四月十五日、松本清張対談『続古代史の謎』青木書店、一九七六年)、対談が終わった翌朝、わざわざ私が滞在している宿舎のホテルへ電話で長時間質問されたこともあった。

そうしたつきあいもあって、『松本清張全集』第三三巻『古代史疑・古代探求』の解説は、松本さんの依頼で私が書くことになった。平成二（一九九〇）年の五月二十七日、私の郷里である京都府亀岡市のコレージュ・ド・カメオカへ出講していただき、「歴史にみる人間像」について熱心に語られたのも、友情の賜物であった。

平成四年の春、松本さんは療養生活をつづけておられたが、ついに回復せず、残念ながら黄泉路へと旅立たれた。延暦四（七八五）年九月の藤原種継暗殺事件についても、独自の見解を持っておられて、たびたび質問をうけたことがある。また闘病中に信長の比叡山焼討ちについて、延暦寺の側から書きたいと、角川歴彦さんを通じて、テープ・レコーダーに私の考えを収録されたこともあった。そのおりおりの松本清張さんの真剣なまなざしを改めて回想する。

司馬遼太郎の歴史観

歴史と文学

「小説は人間と人生を書く」

一九九六年二月十二日に司馬さんが七十二歳で世を去ってから、早くも十数年が過ぎ去りました。司馬さんがおられたら、いまの時代をいったいどのように考えられるかと思ってしまう出来事が次々と起こっています。靖国参拝をめぐる日本と韓国、日本と中国の関係悪化や、朝鮮民主主義人民共和国（北朝鮮）の拉致、核実験など、東アジアのなかの諸問題。国内では、いじめと自殺など、経済的・地域的格差など諸問題が山積しています。

司馬さんは、大阪書籍発行の小学六年生用国語教科書に「二十一世紀に生きる君たちへ」を書かれました。これは司馬さんの若い人たちに残した最後の遺言ではないかと、私は思っています。いま、心の再生とか心の教育とか言われていますが、これは、児童・生徒・学生がしっかりと読むべきテキストではないでしょうか。

そこには、たとえば「いたわり」「他人の痛みを感じること」「やさしさ」という感情を自己のなかにしっかり根づかせることが大事だと書かれています。これは誰でも言うことですが、司馬さんの違うところは、「私たちは訓練をしてそれを身につけねばならない」と述べられている点です。私は大阪府教育委員会の「心の再生有識者懇話会」座長を仰せつかりましたが、この『二十一世紀に生きる君たちへ』を副読本にするように、本気で申しています。

司馬さんは、私が心から尊敬する小説家です。三十年ほど前に奈良への旅行を共にしたことがあります。ある小さな旅館に入ったら、宿帳を持ってきた。そうすると司馬さんは、宿帳の職業欄に「小説家」と書いたんですね。「作家」とは書かなかった。ここが司馬さんの、普通の作家と違うところだなあと実感しました。

小説とはどういうものか、あるとき司馬さんに私は聞いたことがある。司馬さんは私を大阪風に「上田はん」と呼んだ上で、「小説は人間と人生を書くんですわ」と答えてくれた。これは名言ですね。司馬さんはまさに小説家、国民の求めていた国民小説家であったといっても過言ではないでしょう。

雑誌『日本のなかの朝鮮文化』

司馬さんとお会いするまで、歴史学専門の私が読んでいた司馬さんの作品はわずかに三つでした。

一つは『国盗り物語』で、一つは『最後の将軍』。もう一つは、一九六八年六月、『別冊文藝春秋』に掲載されたときに読んだ「故郷忘じがたく候」。東京に行くとき京都駅のキオスクで雑誌を買い、車中読みふけって、いつ東京に着いたかわからないくらい、感動しました。これについては、のちにまたお話しします。

そして、司馬さんと私は雑誌『日本のなかの朝鮮文化』をつくってゆく仲間となります。この雑誌は、司馬さんのお宅近くに住み、小説も書いていた在日朝鮮人の鄭貴文《チヨンキムン》さんと司馬さんとのつながりから始まりました。鄭貴文さんが、弟の鄭詔文《チヨンジヨムン》さんと『日本のなかの朝鮮文化』をつくりたいと、司馬さんに相談したんですね。そうしたら司馬さんが、京都にいる「上田はん」に相談したらと薦められて、お二人が私のところにやってきた。

なぜ司馬さんが私を紹介したかといえば、私は一九六五年の六月に『帰化人』(中公新書)という本を著《あらわ》していたからです。

『帰化人』で私は、「帰化」と「渡来」は違うと主張した。日本の古代法に「大宝令《たいほうりよう》」と「養老令」があります。「大宝令」ができた時期については諸説あり、論争がありますが、私は大宝元(七〇一)年でよいと考えています。この「大宝令」にも「帰化」の言葉はあります。その内容には海外から来た人が本貫の地を定めて戸籍に登録する、「付戸貫」あるいは「付籍貫」とある。

日本で一番古いといわれる戸籍はいまのところ、天智天皇のときにできた「庚午年籍《こうごねんじやく》」ですが、これはどこの氏の出身かを記す族籍であり、しかもいわゆる近畿を中心とするもので、戸籍とは言えない。正確に六年に一回つくる戸籍としては、持統天皇四（六九〇）年にできた「庚寅戸籍《こういん》」がもっとも古い。

ですから、それ以前の段階の帰化すべき統一国家がないところに「帰化人」がいるわけがないでしょう。『古事記』や『風土記』には「帰化」の言葉はありません。「渡来」・「参渡来」が用いられている。「帰化」も何もしていない人を、われわれが「日本への帰化人だ」というのは歴史に反することだ、と私は書いたのです。

いまの天皇が二〇〇一年十二月、翌年の日韓共催ワールドカップ大会を前に、「桓武《かんむ》天皇の生母が百済の武寧王の子孫であると『続日本紀』に記されていることに、韓国とのゆかりを感じています」という発言をされた。桓武天皇のお母さんは高野新笠《たかののにいかさ》といって、百済武寧王の流れの方だからです。また、天平勝宝四（七五二）年に開眼供養がなされた東大寺の大仏を鋳造したのは、百済から亡命してきた国骨富《こくこつぷ》の孫、在日三世の日本名、国中公麻呂《くになかのきみまろ》でした。この人は、東大寺法華堂の国宝「不空《ふくう》羂索観音像《けんじゃくかんのん》」をつくった人物として有名です。

このように、日本の古代に、朝鮮半島から渡来してきた人々がいかに大きな役割を果たしたかについても書いた『帰化人』を、司馬さんは読んでおられて、鄭さん兄弟に紹介した。

司馬さんと私が顧問となった季刊雑誌『日本のなかの朝鮮文化』は六九年三月に第一号が出て、五十号まで続きました。その間、あの忙しい司馬さんが熱心に何回も雑誌の座談会に出席されました。座談会後、みんなで一緒にお酒を飲むのが楽しみでしたが、それにも司馬さんは加わって、朝鮮の踊りの輪に加わられたこともあります。

創刊から四年たった七三年二月二十四日、「雑誌『日本のなかの朝鮮文化』を励ます会」が、東京の中央公論社で開かれました。この会を発起したのも、会の趣意書を書いたのも、司馬さんです。これは名文です。司馬さんは、私たちの目の前でその趣意書をスラスラと書かれた。

このように司馬さんは、まことにやさしい人でした。「他人にやさしい人にならないかん」と言うだけの人ではない。人間が好きなのです。

人間に対する深い愛

司馬さんは小説家であるけれども、優れた歴史家だったと、私は見ています。細かいことを一所懸命に考え下手な文章を書く歴史研究者と、歴史家は違います。歴史家とは、史料の分析力に優れ、優れた歴史観を持ってしかも構成力があり、そして表現力の優れた人です。

司馬さんは自分では決して売れっ子の作家とは思っておられないけれども、連載をたくさん抱えていた。あるとき私は「ようそんなに書きますな」と聞いたら、「いい作品は、主人公が書かすんや」と答えられた。これも名言ですね。

司馬さんの書斎に私はちょっと入って、そこにあるたくさんの市町村史、どこまで読んでいるのかどうか、ちらっと見たことがある。そうしたらまぎれもなく、司馬さんの字の書入れがあった。司馬さんはたくさんの史料を読み、その読みの深さもすごかったですね。

たとえば『故郷忘じがたく候』の一場面。豊臣秀吉の朝鮮侵略で、薩摩《さつま》に連れてこられた陶工の子孫である薩摩焼第十四代の沈壽官《ちんじゅかん》さんの日記から、司馬さんは次のように書いています。

沈壽官さんはいわば在日朝鮮人ということで、中学校でいじめ、差別を受け、喧嘩となる。「……日本人の血に対する信仰が、むしろ沈少年の側にあった。というより、その信仰が迷信にすぎぬという証拠をこの少年はつかまねばならなかった……」。そして少年は、他の少年を喧嘩ですべて降《くだ》したことで「『血というのはうそだ』という……すばらしい真理を……つかんだように思った」と書く。

この『故郷忘じがたく候』というちょっと変わった題には、ちゃんと出典があります。江戸時代の天明年間に、橘 南谿《たちばななんけい》という医者が九州・四国を歩いて『西遊記』を書きます。そのなかに、薩摩苗代川《なえしろがわ》の窯場の村で聞いた「故郷忘じがたく」の言葉を書きとめた。それを司馬さんはパッと作品名にしている。私が、史料の読みが深いというのは、そういうところなんです。

司馬さんは、実際に現地を見て書く「旅する小説家」でしたね。その旅に私は二回だけご一緒したことがある。私なんか現地で何か感動することがあるとメモしますが、司馬さんはしない。あらかじめ調べて、心にメモしておられたのではないかと思う。現地をちゃんと調査して、歴史のなかの人間を描いた。そこには、人間に対する深い愛があると、私は思っています。

主人公を通して個から全体へ

いつか座談会で、私の「相対主義の大切さ」を書いたエッセイを、司馬さんがえらく褒めてくださったことがある。しばしば「絶対にこれが正しい」と言う人がいますが、インチキに決まっているんです。絶対に正しいなんてものは、この世にありません。イデオロギーとは所詮人間のつくりあげた虚構であって、人間はみな相対なんですね。相対の大切さを司馬さんはわかっていた。だから「皇国史観とかマルクス主義歴史観とか、そんなものは虚構の産物や」という歴史観でもありました。ここが、司馬さんの大事なところです。

都中心の歴史観を私は「中央史観」といって批判してきました。「地方」という言葉も大嫌いで、「地域」を使ってきました。「辺境」という言葉もおかしい。どんな「片田舎」でも、人間が生きて歴史をつくっているわけですから、ローカルであってグローバルにつながる。私はそれを「グローカル」と呼んでいますが、司馬さんの歴史観も同じです。司馬さんがアジアの中でも、たとえば朝鮮あるいは台湾を重視するのは、いわゆる中央からの見方では本当の歴史は見えてこないと、考えていらしたからでしょう。

そして人間の生き方について、司馬さんは小説を通じてするどく書いておられた。時代背景をまず考えて主人公を描く作家もいますが、司馬さんは「主人公を通して個から全体へ」――これは私のつくった言葉です――書いていった。たとえば空海、高田屋嘉兵衛、坂本龍馬。そういう人物から彼らが生きた全体の時代を表してゆく。この歴史の描き方が、司馬さんの小説の特色のひとつでしょう。

国境とかイデオロギーがいかにつくられたものであるかをよくご存じでしたから、国境を超えイデオロギーを超えた人間あるいは民族のあり方を、司馬さんは捉えていた。私はそれを、司馬さんの草原の思想、海の思想と考えて受けとめています。空海、高田屋嘉兵衛、龍馬はもちろん、『韃靼疾風《だったんしっぷう》録《ろく》』の桂庄助もそうです。国境、イデオロギーを超え、海、草原を愛した思想家であったといえます。

司馬さんが書かれた書に「丈夫四海を志さば　万里も猶《なお》比隣の如し」があります。これは魏《ぎ》の曹操《そうそう》の子、曹植《そうしょく》の文章です。司馬さんの好きな言葉の一つでしょうが、司馬さんそのものの思想を表現していると、私は思う。四海を志せば、万里の彼方も五軒の隣組と同じだ――実にスケールが大きい。司馬さんの歴史を見る目は、空から鳥が地上を見ているような鳥瞰《ちょうかん》の史観ですね。

司馬さんは『この国のかたち』また『風塵抄』のなかでも、土地を病根とするバブルに浮かれていた日本の将来を心から憂いておられた。「司馬さんはどういう人ですか」と聞かれたら、私は次のように答えます。一つは「公腹《おおやけばら》の人」と。私事では腹を立てないが、公の憤りを持っておられた。そして、天下の憂いに先立ちて憂い、天下の楽しみに後《おく》れて楽しむ「先憂後楽の人」だと。

なお書いてほしかったこと

もちろん司馬さんは神様ではありませんから、文章のなかには直してほしかったところもあります。司馬さんがいなくなってから悪口をいう人もいるけれど、私はすでに七三年六月、「司馬遼太郎と朝鮮」で、その朝鮮観を批判したこともあります。司馬さんはそれを読んで「上田はんの言うのは当たっているな」とおっしゃるので、私はほっとしたことがあります。

日露戦争以後の日本はすっかりだめになったという司馬さんのお考えに、私は基本的に賛成します。

ただ、日露戦争で日本ははじめて植民地を得たと書かれたところがありますが、日清戦争の結果、台湾と澎湖諸島《ほうこしょとう》は日本の植民地となっていました。けれども、こういうのは瑕瑾《かきん》でしょう。

司馬さんが強調していた、陸軍の参謀たちが「統帥権《とうすいけん》」をもって日本を壟断《ろうだん》し、誤った方向にもっていったということも、私は基本的に正しいと思います。しかし、大日本帝国憲法の第四条と第十一条の、天皇が軍を統帥するということの前提には、明治十五（一八八二）年に発布された「軍人勅諭」があるわけです。そこには「我《わが》日本帝国の軍隊は天皇の統率する所」とある。このあたりのことも、司馬さんにしっかりと書いてほしかった。

また、最近、織田信長や明智光秀に関する新史料が、朝尾直弘《あさおなおひろ》・京都大学名誉教授等によって見出されています。信長が天下を取ろうとしているころ、正親町《おおぎまち》天皇に仕えた公家、武家伝奏《でんそう》の勧修寺《かじゅうじ》晴豊《はれとよ》の日記がそれです。

『功名が辻』にも例の、千代の十両のへそくりで山内一豊が馬を買う有名なエピソードがあります。天正九（一五八一）年二月、正親町天皇も臨御した信長の馬揃えで大いに面目をほどこす場面です。しかし、山内一豊の馬の話はともかく、何のために信長は京都御所で馬揃えをしたか。

それは、勧修寺晴豊の日記などでわかってきたのですが、正親町天皇に譲位を迫るためだったのです。そして、翌天正十年五月六日、勅使が信長のところに赴き、「太政大臣、関白、征夷大将軍のどれでもお選びください」（三職推任）と懇願しても、信長は拒否する。信長の「天下布武」とは、自分が天下を取ることだったのです。信長の基本的考えは、朝廷無用論でした。

この勧修寺晴豊の日記のような新しい史料を司馬さんが使われたら、信長像はもっと生き生きと描かれたにちがいない。司馬さんは黄泉路に旅立たれたけれども、司馬さんが考えておられた歴史に対する見方、考え方には教えられることが多いし、私にとってもなるほどな、さすがに、と思うところがしばしばあります。司馬さんは、二十世紀の日本の小説家ではもっとも代表的な方でした。

司馬遼太郎と朝鮮

「帰化」と「渡来」

一九六八年の秋に、京都で司馬さんとお会いしました。これは、在日の鄭詔文さん、鄭貴文さんご兄弟が雑誌をはじめるということで、それに協力するためでした。『日本のなかの朝鮮文化』というささやかな季刊雑誌ですが、翌年の一九六九年の三月から、五十号まで続くことになりました。

当時京都大学の助教授だった私は、一九六五年の六月に中央公論社から『帰化人』という書を出し、「帰化」という言葉と「渡来」という言葉は違うのだということを書きました。たとえば、日本の『古事記』や『風土記』には、どこにも「帰化」という言葉は使われておりません。『日本書紀』は十三ヶ所、正確には「化帰」という用語が一ヶ所あるので、これを除くと十二ヶ所に「帰化」という言葉を使っております。「帰化」する統一国家が成立していない段階、戸籍もできていない時代に、帰化という現象はあり得ないわけです。

「帰化」という用語は、中国の古典にはたとえば『後漢書』の「帰化幕義」をはじめとしてたくさん出てきます。中国の古代の法律である唐の法令「唐令」にも出ています。これは中華思想の産物です。中国皇帝の支配する中華の国の周辺にある夷狄《いてき》の国の人々が、皇帝の徳に浴することを、帰化と呼んでいるわけです。

『日本書紀』は、これを好んで使っておりますし、西暦七〇二（大宝二）年から実施されました「大宝令」という法律にも、帰化という用語ははっきり出ています。大宝令の注釈書は『古記』といいますが、この「大宝令」の注釈書は、私の考えでは天平十（七三八）年の正月から三月の間に書かれたものですが、その『古記』にも、あるいは『令義解《りょうのぎげ》』、『令集解《りょうのしゅうげ》』というわが国の古代の法律の注釈書にも、帰化というものがどういうことかと書いてあるわけです。それらには「籍貫《せきかん》に付す」、あるいは「戸貫《こかん》に付す」と。「戸」は戸籍、「貫」というのは「本貫」で、海外から日本へ渡って来た皆さんが、本拠を定めて戸籍に登録される、ということが内容であると書いているわけです。

渡来の波

わが国の古代法の「帰化」という用語にしたがっても、統一国家が成立する以前に「帰化人」などという言葉を学問をしている者が使うのは、おかしいじゃないかということから書きはじめ、日本の古典の『古事記』や『風土記』が使っている「渡来」――これは私の造語だと言う方がありますが、そうではありません――という言葉を「帰化」とは別に使うことを提唱しました。

　アジアの中の日本列島には、弥生時代以来、少なくとも大きな渡来のうねりが四回ある。これが私の提起した渡来の波の四段階説というものです。中国の人、ベトナムの人、あるいはペルシャなどの人々も、古代の倭国あるいは日本国に来ていますが、とりわけ一番近い朝鮮半島から日本に渡って来た皆さんと、その子孫が、日本の歴史や文化の形成に大きな役割を果たしているのであり、朝鮮文化の影響、あるいは大陸文化の影響などというような言い方だけでは不十分ではないか、ということを書いたわけです。

　司馬さんはそれを読んでおられて、「上田さん、ひとつ協力しようじゃないか」ということになって『日本のなかの朝鮮文化』の顧問を、司馬さんと二人でやることになりました。それがきっかけで、大変親しいお付き合いをいただき、いろいろ学ばせていただきました。私よりは数えでいいますと四つ、満でいうと三歳上になりますが、早く亡くなられたのは痛恨の極みです。

司馬さんの書庫

　司馬さんは、しばしば国民作家などといわれますが、おそらく司馬さんが生きておられたら、国民作家というような言い方には、顔をしかめられたのではないかと思います。そこであえて小説家と申し上げますが、小説家としての司馬さんはすぐれたすばらしいお仕事を残してくださいました。私は自分の研究が忙しいものですので、あまり小説は読みませんが、なぜか『国盗り物語』は出たころから読んでおりましたし、『最後の将軍』は本屋で見つけて買って読んでいました。

篠田正浩監督が本書『日本文化へのまなざし』（河出書房新社）一一四ページで述べておられるように、司馬さんの歴史小説は空から俯瞰するつまり鳥瞰の史眼にもとづいています。『この国のかたち』（全六巻）の第二巻では、司馬さん自らが、自分は火星から来た火星人のような気がするということを書いておられます。見るといっても、どこから見るかが大事です。

司馬さんの書庫を見たことがありますが、文学書が少ないのに驚きました。海音寺潮五郎とか正岡子規とか夏目漱石などの作品はもちろんそろっていますが、圧倒的に多いのは歴史関係の本です。全国の府県市町村史はほとんどあるのではないでしょうか。意地悪く、本当に読んでいるのかなと思ってちょっと取り出してみますと、書き入れがある。これは読んでいる証拠です。つまり史料を丹念に読み、そして自分はどこから俯瞰するか、視点が定められていたわけです。史料を読み、構想を練ってさらに現場で確認しておられたに違いない。

絶対ということ

そして司馬さんのお仕事で、大変尊敬していることがあります。司馬さんは絶対という言葉は大嫌いです。私もまったく同意見で、絶対に正しいなんて言う人は、大体インチキに決まっています。これが絶対に正しいなんていうようなことを言う人の話は、眉に唾をつけてお聞きになった方がいい。イデオロギーというのは、多くの場合虚構です。イデオロギーの虚構性、絶対の欺瞞性を司馬さんは見抜いておられました。

私はたびたび司馬さんとご一緒に座談会もやりました。司馬さんと残念ながら亡くなった在日の作家の金達壽さんと私の編集で、中央公論社から文庫本として『日本の朝鮮文化』など四冊が出ております。あるとき、私が相対の重要性を強調したら、司馬さんはうれしそうな顔をして、「上田はんの言う通り、その通りや」と。これも座談会の記録に出ております。つまり物事を絶対視しない。勝てば官軍という勝者の歴史はいっぱいあるわけですが、勝者ではなく敗者を、敗北も大きなテーマとして選ばれたのではないかと思います。そこには、限りない人間へのいとおしみがあったと私はうけとめています。

司馬さんはめったに人の悪口を言いません。それでも時々は言っていたんです。私も聞いています。「上田はん、あんなのあかんな」とか、「もうあれが出てくるのやったら、そんな座談会はやめや」と言われたこともあります。そういう人が司馬さんの死後に、追悼文を書いておられる。私はそういう事情を多少知っておりますから、皮肉なものだと感じています。要らんことを申しました。

文明批評家としても、最後の小説となった『韃靼疾風録』以後、とくにすばらしい文明批評をたくさんなさっています。『街道をゆく』はもちろんです。ハンガリー平原だけが、司馬さんが行きたいと言っていた場所で、ついに行かれなかったところです。「韓のくに紀行」のあと、済州島に行きたいとおっしゃっていたのですが、「耽羅紀行」は『街道をゆく』にありますし、アイルランドにも行っておられます。つまり世界の中の日本、とくに東アジアの中の日本を、司馬さんはモンゴル、中国を含めて見ていたわけです。

ちなみに、この私の小文の題は「古代日本と朝鮮」（掲載当時）となっておりますが、この「朝鮮」は断るまでもなく、朝鮮半島の意味です。大韓民国、朝鮮民主主義人民共和国を含めての朝鮮ですので、誤解のないように申し添えておきます。

『故郷忘じがたく候』の背景

司馬さんとは、前にも述べましたように、たしか一九六八年の九月にお会いしたのですが、六八年の六月に『別冊文藝春秋』に『故郷忘じがたく候』という作品を発表しておられます。私は東京へ行くとき、駅の売店でその別冊を何の気なしに買って、東京行の列車の中で読み、大いに感動しました。先ほど述べましたように『国盗り物語』や『最後の将軍』で、すごい人だと思っていたのですが、『故郷忘じがたく候』には胸をうたれました。息子さんに宗家をお譲りになりましたが、今もお元気な薩摩焼十四代の沈壽官《ちんじゅかん》さんの少年時代の話です。慶長二（一五九七）年、日本では文禄・慶長の役、韓国・朝鮮では壬辰・丁酉の倭乱という丁酉のときに、南原城《ナモン》を秀吉の軍が攻撃し、そして戦火の中で連れてこられて、薩摩にたどり着いた方々がずっとうけついでいる焼物が、苗代川《なえしろがわ》の薩摩焼です。司馬さんは沈少年の中学二年生のころも書いておられるのですが、血統とか家柄とかいうその「血」は嘘であるという、世界のどの真理よりも重要なことをそのときに沈少年は学んだのだ、ということを書いておられるくだりがあります。それを読んだ三ヶ月後に、はじめて司馬さんに会ったときには、志を同じうするすぐれた先輩に出会ったような思いでした。

史料の読みが深いというのは、たとえば『故郷忘じがたく候』という小説の題名はどこから取ったかというと、これは橘《たちばな》南谿《なんけい》というお医者さんが、天明年間（一七八一〜八九）に京都から山陽道を通り九州・四国をめぐった『西遊記』という本が出典です。橘南谿は苗代川を訪れているのです。その『西遊記』の中に「故郷忘じ難く候とは、誰人の言いおけることにやある」という一節があって、そこから取っているわけです。このあたりも、やはりすごいと思います。つまり私が先ほど申し上げた史料の読みの深さです。

私の知る限り、苗代川には三回おもむいている。韓国、朝鮮に対する思いのたけが非常に深い。「思いのたけ」というのは、司馬さんがわりによく使う言葉です。司馬さんはあの『故郷忘じがたく候』で、在日の皆さんの問題を取り上げているのですが、日本人とは何か、日本国とは何かを同時に問うています。その問題意識が、私を感動させた理由ではないかと思っています。

また司馬さんは、自分は在日日本人だということも書いておられます。たとえば『街道をゆく』十三巻の「壱岐・対馬の道」の中にありますが、私たちも、たまたま日本人に生まれているわけで、何も選んで日本国に生まれたわけではない。これは所与の条件です。日本を深く愛し、日本の未来を深く憂いた司馬さんは、国籍とか民族とかイデオロギーにとらわれるような立場は、一貫して取ってはおられません。私もそういう態度で生きたいと思っておりましたので、すばらしい先輩にお会いできたと感じました。

批判ということ

『街道をゆく』で、一番最初に行かれるのが韓国で、その後ヨーロッパ、アメリカとおもむかれます。はじめて韓国に行かれて、自分の思いをずっと書いておられるわけですが、その中には誤解を生む表現がいくつもあります。「李朝五百年の長さに比べたら、日本帝国の植民地支配三十四年、それは軽いのだ」というような書き方をするわけです。そこをとらえて、司馬は結局皇国史観ではないか、という司馬批判をする人が今でもいますが、全体の文脈で司馬さんの発言をとらえて考えた方がよい。

司馬さんの歴史小説にも、私ども専門家が読めば、間違っているところもあるのです。たとえば、主人公が京都の町を走って行くのですが、京都の町の縦の通りばかり走っていたら、そこには行けません。道筋を間違えて書いてあるのです。そのことは、実際に司馬さんに言ったことがあるのですが、「だけど上田はん、出てきた人物がそこに行きたい言うからしょうないやないか」と言うて笑っておられました。小説家というのは楽だなとも思いました。あるいは『街道をゆく』の第二巻でしたか、私のことをずっと書いていただいているのはいいのですが、ちょっと間違っているところがあるんです。「ありがたいけれどちょっと間違うてます」と言うと、「大変失礼しました、ありがとう」と言うので、再版が出たときに見ると、全然直っていない。だけどそんなのは瑕瑾《かきん》です。人間誰しも錯覚したり間違って表現することはありますね。本筋が間違っていたらえらいことですが。

司馬さんが生きておられるときに、私は「司馬遼太郎と朝鮮」という司馬論を四百字詰原稿用紙に四十枚ぐらい書いています。『古代学とその周辺』という本の中にも収めております。もちろん司馬さんが生きておられるときに、司馬批判も書いています。司馬さんの韓国観・朝鮮観にはゆがみもあり、決してすべて司馬さんが正しいなどと言って、司馬さんを教祖視しているのではありません。批判は司馬さんも不愉快でしょう。ですが、それは生きているうちの批判です。私は生きているうちに、司馬さんに対して「ここはおかしいやないか」ということは言っていますが、司馬さんは「なるほどな」と言う。司馬さんは、わりあい「なるほどな」と言うのです。本気で言うてはるかどうか、いささか疑問ですが。だから決して司馬さんの韓国観・朝鮮観を全面支持して申し上げているわけではないのですが、朝鮮半島に対する思いのたけは熱いのです。

『日本のなかの朝鮮文化』のような、といっても五千部ぐらい出していましたからそれなりの影響力はある雑誌でしたが、司馬さんほどの大小説家に座談会に来てもらっても、五千円しか出さないのです。あとで飲むのが楽しみで来ておられたのではないかと思いますが、それはよほどのことで、この雑誌の座談会に出てもあまりメリットもない。そういう司馬さんの熱い思いを見なくてはならない。文章ではいくらでもいいことは書けるのです。学者でも評論家でも、書くことと実際の日常生活の行動がまったく矛盾している人はたくさんいます。司馬さんは言行一致の人でした。そこをぜひ見ていただきたいと思います。

『空海の風景』の空海にしても、『菜の花の沖』の高田屋嘉兵衛にしても、あるいはこれは司馬さんのまったくのフィクションですが、『韃靼疾風録』に登場する平戸の桂庄助にしても、海を渡って行く人々です。司馬さんの歴史観あるいは人間観には、国境や民族にとらわれない、つまり海の思想があったと思うのです。司馬さんの「四海」への知的関心といってよいかもしれません。三世紀の魏の詩人曹植《そうしょく》の「丈夫四海に志さば、万里も猶《なお》比隣《ひりん》の如し」の「四海の志」です。「韓のくに紀行」でも玄界灘については書いておられませんが、海流を書いておられるところがある。海の思想があると思います。船乗りの思想と言ってもいいかもしれない。

司馬さんは、大阪外国語専門学校の蒙古科の卒業でもあるわけで、モンゴルへの熱い思い、遊牧民の思想、国とか民族とかそういうものにとらわれない草原の思想とかノマドロジーとかというような考えもあったのではないかと思います。

没後のご縁

私は司馬さんが亡くなってからもご縁があります。姫路市立の姫路文学館があり、司馬さんが生きておられるときに、北館もですが南館というのが安藤忠雄さんの設計で新しくできまして、司馬遼太郎を記念した大きな部屋があります。二月二十二日に亡くなり、五月一日のオープンでしたから、残念ながら司馬さんには、テープカットにおいでいただけなかった。大阪女子大学学長をやめたときに、どうしてもそこの館長をやってくれという熱心な市長さんの要望で、司馬さんとのご縁があるから引き受けました。

また大阪府立中央図書館は、東大阪市荒本にある、東大阪市は司馬さんの住んでおられたところですが、そこの名誉館長にも就任しました。ご挨拶に行くと、「司馬が生きていたら喜びますわ」と奥様の福田みどりさんにおっしゃっていただいて、うれしかったです。姫路文学館では、一九九九（平成十一）年に「吉川英治と宮本武蔵展」を実施したことがあります。吉田英治の『宮本武蔵』は、一九三五（昭和十）年に『朝日新聞』に載り、一時休載のときがありますが、四年間かかった小説です。私も感動して読んでおりました。国民作家と言われた吉川英治さんと司馬さんとは違います。篠田正浩さんが言われたように、吉川英治と司馬遼太郎は共にすぐれた作家であり、思想家ですが、対照的だと思います。個から全体へというアプローチと、全体から個へというアプローチ、つまり主人公から全体を見る立場、俯瞰する立場から主人公の立場へ、その違いはたしかにあると思いました。

「相違」と「差異」という漢字の意味は似ていますが、その実際はかなり違うと思います。相違というのは互いの違いということで、差異というのは比較の違いとうけとめています。この認識が、異文化というものに対する理解となる。司馬さんもこの点を書いておられます。これができる日本人になる必要がある、それは司馬さんの相対化する思想、火星人の思想、海民の思想、遊牧民の思想につながるのではないか。東アジアの共通性ばかりを強調するような学問をやっていては行き詰まる、と私は思っています。

司馬さんの見方・考え方を受け継いで、アジアの中の共通性とその差異を、われわれ研究者は今後比較の視座からどう明らかにしていくかという問題があるのではないかと考えています。

記号化と相対化

「先日はお風邪のところ小生のためにいい会を肝煎して下さって、ありがとうございました。小生友へのお祝にゆくことは好きですが、自分のためにそのような事がおこなわれるのを避けるたちがございましたが、先般の会に限って皆々様の御厚情ありがたく、まことに仕合せでありました。

やや御体力充たぬ御様子気になりつづけております。小生がお役にたつことがあれば、何なりとお命じ下されたく、気がかりのまま、御礼とともに申添えます。」

この便りは、昭和五十六（一九八一）年の十二月、司馬遼太郎さんが日本芸術院会員に選出されたのをお祝いする、ささやかな会を京都の貴船《きぶね》で開いたのを喜ばれての御礼の書簡である。その席には林屋辰三郎さんや金達壽さん、さらに鄭詔文さんも参加されていたが、これらの方々もすでに鬼籍に入られた。人の世の無常を痛感する。

こじんまりとしたこのお祝いに参加したのは、昭和四十四（一九六九）年の三月に創刊された季刊雑誌『日本のなかの朝鮮文化』とかかわりをもつ人びとが中心であった。司馬遼太郎さんと私とが親しくなる出会いもこの雑誌を介してであった。東大阪市下小阪の司馬さんのお宅の近くに住んでおられた鄭貴文さんは、司馬さんの散歩友達のひとりであったらしい。その鄭貴文さんと弟の鄭詔文さん、それに在日の作家金達壽さんたちが、京都で『日本のなかの朝鮮文化』を創刊する運びとなった。

私は一九六〇年代のころから、古代の日本の実像をみきわめるためには、アジアとりわけ東アジアとのつながりを無視あるいは軽視してはならないと実感するようになっていた。そこで公にしたのが『帰化人』（中公新書、一九六五年）六月であった。

そこでは「帰化」と「渡来」とはどう違うか。古代法である「大宝令」や「養老令」では、日本列島に渡ってきた人たちが本居を定めて戸籍に登録されることを「帰化」の内容とし、「帰化」の語をしばしば使っている古典は『日本書紀』であって、『古事記』や『風土記』などでは「渡来」・「参渡来」と書きとどめていることを指摘した。

そして「帰化」の用語じたいが中華思想の産物であり、海外から渡来した人びとを無限定に「帰化人」とよぶことは歴史ばなれになりかねないことを、忠実にそくして論究した。さらに弥生時代から七世紀の段階にかけての渡来の波のピークには四段階があって、渡来集団が古代の日本の歴史と文化の創造に寄与した実相は、政治・経済のみならず、儒教や仏教はもとよりのこと、神々の世界にもおよんでいることなどを考察した。

そうしたゆかりもあったのであろう、司馬さんと私は『日本のなかの朝鮮文化』の顧問となった。

司馬さんの作品はたとえば徳川幕府の最後の将軍であった徳川慶喜を、慶喜の側から描いた『最後の将軍』を読んで、その鋭い史眼に感銘をうけたことがあるけれども、私がもっとも胸をうたれたのは、昭和四十三年六月の『別冊文藝春秋』に発表された「故郷忘じがたく候」であった。鹿児島県苗代川の薩摩焼宗家十四代の沈壽官さんを中心とするこの作品には、沈壽官さんの苦難の生い立ちとそれに司馬さんの思いのたけが重なって、読む人のこころに迫る深さと重みがにじむ。

「沈壽官の小学校入学早々のできごとであった。上級の者十人ほどに、名乗らなかったということで、精神を注入してやると寄ってたかってわけもなくなぐられた沈少年のその日のできごとを予感して、門前で少年の帰りを待っていた十三代沈壽官翁。

もはやあのような学校にはゆかぬ、学校へ行かんで家で教えて貰うわけにはいかぬかと父に問う沈少年に、「父は、おそらくその父の十二代沈壽官からいわれたであろう同じ言葉をその子に伝えた。その性根は益《やく》せんぼう、といった。闘って勝たんか、まあ聞け、お前の血には朝鮮貴族の血がけがれもなく流れちょる、まあ聞け、と、十三代はこの家の家系について話した。」

「一番になるほかなか、けんかも一番になれナ、勉強も一番になれナ、そうすればひとは別な目でみる、いじければむこうからかさにかかってくる、撥ねかえすほかなか、といった。少年はこの日から日記をつけた。」

中学入学のときから三年生ぐらいまでのあいだ、毎日たった一つの主題を書きつづけた日記、日本人とはなにかとその課題を問いつづけた沈少年の探究は、中学三年生のころに少年なりの完成をみた。

「――血というのはうそだ。という、世界のどの真理よりすばらしい真理を、この少年はつかんだように思った。」

司馬さんとは『日本のなかの朝鮮文化』の座談会でたびたびご一緒し、その四十号までのまとめは、中央公論社から司馬・上田・金編の『日本の朝鮮文化』『古代日本と朝鮮』『日本の渡来文化』『朝鮮と古代日本文化』の四冊（のちに中公文庫）に集約されている。またそのほかのおりにも対談したが、「故郷忘じがたく候」に感動していた私は、『日本のなかの朝鮮文化』創刊号の座談会でも、「血というのはうそだ」という一節をめぐっての私見を述べている。

史料をしっかりと読み解いて旅のなかで確かめ、国境やイデオロギーをこえて、鳥瞰するその史観は、いわゆる中央からいわゆる地方を考えるというあしき「中央史観」ではなかった。いわゆる「辺境」から見直し、人生を懸命に生きた人間を再発見するその小説と文明批評には、草原の思想・海の思想が秘められていた。

座談や対談のなかでいくどか論争めいた議論をしたこともあるが、『日本のなかの朝鮮文化』四十号の座談会で、その静かに語られたつぎの言葉を改めて想起する。

「朝鮮ということばが記号化されているわけです。記号化というのは一種の絶対化であって、たとえば上田さんの近著『古代からの視点』などではむろんそうではなくて、記号化されずに相対化して認識されている。この日本古代における時代は、朝鮮のこういう時代と相応するというようなことは、朝鮮の景色に鮮明な山川草木がついているんです。

これが朝鮮の影響であるとかいう場合に、いつの朝鮮の、どういう時代の影響かというと、比較文化学的な視点になるし、比較史学の視点にもなるし、両国の古い文化、原像を考える場合に、日本とか朝鮮をあまり記号化しない方がいいと思うんです。」

『日本のなかの朝鮮文化』のいうところの朝鮮は、朝鮮半島の意味であって、大韓民国・朝鮮民主主義人民共和国を含んでの朝鮮だが、ここで司馬さんが「日本とか朝鮮をあまり記号化しない方がいい」といっておられる点は、昨今の日本文化論・朝鮮文化論にもそのままあてはまる。「記号化されている」論があまりにも多すぎるからである。

司馬さんが「上田さんの近著」といわれているのは、昭和五十三(一九七八)年の九月にPHP研究所からだした『古代からの視点』だが、すべての学問には比較の視座が必要であって、相対化するなかではじめて文化や文明の本質をみきわめることが可能になるのではないかと思ってきた。

文化の比較といえばとかく共通性ばかりが注目されがちである。そしてその文化はどの地域からおこってどういうふうに他の地域へ伝播したかを問うルーツ論のみにおちいりがちだが、あわせて在来の文化と渡来の文化とのちがいや渡来の文化を受容して在来の文化が変容する形成のプロセス、私のいうルート論も軽視するわけにはいかない。共通と共に差異の認識が必要である。いまは司馬さんとの出会いとその至言の若干をかえりみたにすぎないが、そのすぐれた知性はいまもなお輝く。

先憂後楽のおおやけばら

司馬遼太郎さんの数多くの小説のなかで、私が最初に感銘をうけたのは『最後の将軍』である。幕末・維新をとりあつかった歴史小説はたくさんあるが、敗者となる徳川慶喜の側から構想された作品は少ない。その史料のよみの深さと人間のこころの襞《ひだ》に立ち入って、慶喜とその時代の翳《かげ》りを描くそのあざやかさが見事であった。

ついでいまもなお記憶に鮮明なのは、昭和四十三（一九六八）年六月刊の『別冊文藝春秋』一〇四号に発表された「故郷忘じがたく候」である。豊臣秀吉らの朝鮮侵略、その再役（慶長の役＝丁酉《ていゆう》の倭乱）のおりに、朝鮮の南原《ナモン》城で捕われの身となり、ついに薩摩へ漂着した朝鮮の陶工たちが、苗代川を住まいとして苦難の生活を営んできた物語がそれである。

いわゆる小説ではない。小説の枠をこえた作者の「思いのたけ」が、苗代川の歴史と伝統のいぶきに重なる。そして薩摩焼第十四代宗家の沈壽官《ちんじゅかん》さんとの出会いがこの作品をきわだたせる。鹿児島市の旧制二中に入学した時から三年生ぐらいまでの間、毎日たったひとつの主題を書き綴った沈少年の日記、〝日本人とはなにか〟とその課題を問うてきた沈少年の探究は、中学三年生のころ少年なりに完成をみた。「――血というのはうそだ。」という、世界のどの真理よりもすばらしい真理を、この少年はつかんだように思った。」

一九六〇年代から古代の日韓・日朝関係史を改めて考え直しつつあった時期でもあって、「故郷忘じがたく候」は私の胸に強くこだました。この作品名は、天明（一七八一—八九）のころ、医師 橘《たちばな》南《なん》谿《けい》が『西遊記』に書きとどめた、苗代川の伸侔屯《パシンポウチユン》の「故郷忘じがたしとは誰人の言い置きけることにや」の言葉に由来するが、「故郷忘じがたく候」は、やむなく故郷を離れざるをえなかった在日の人びとの痛恨の想いを象徴する言葉でもあった。

司馬さんと私の交友は一九六八年の秋ごろからはじまる。司馬さんの散歩友だちのひとりが、住いの近くの鄭貴文さんであった。弟の鄭詔文さんらと共に季刊雑誌『日本のなかの朝鮮文化』を創刊することを司馬さんに相談した。司馬さんたちは一九六五年の六月に出版した小著『帰化人』（中公新書）を読んでおられたらしく、鄭さん兄弟が拙宅へみえて協力を要請された。それがご縁となって司馬さんとたびたびお目にかかることになる。

一九六九年の三月に創刊された『日本のなかの朝鮮文化』には、司馬さんと私が顧問として参加した。この雑誌を特徴づけたのは毎号掲載の座談会であった。司馬さんは創刊号の座談会からの常連であった。その第一号の座談会のなかで、私は、「『故郷忘じがたく候』を読みましてね。もちろん感動したんですが、あのなかに『血はうそだ』という言葉がありますね」と司馬さんに語っている。

座談会は大きな反響をよんで『日本の朝鮮文化』ほか四冊（司馬・上田・金編、中央公論社）にまとめられ、主要論文は『日本文化と朝鮮』（朝鮮文化社編集・新人物往来社）に再録された。雑誌は五十号までつづいたが、一九七三年の二月には、東京で盛大な『日本のなかの朝鮮文化』の発行者を励ます会が開催された。その発起をしたのは、司馬・金・上田であったが、一八〇名をこえる方々が激励のためにかけつけてくださった。司馬さん・金さんほか和歌森太郎・谷川徹三・松本清張・竹内好・井上光貞・中野重治・旗田《はただ》巍《たかし》・岡本太郎（発言順）の各氏、有吉佐和子さん、そして鄭さん兄弟もすでに鬼籍に入られた。

司馬さんとは、私が京都大学を定年退官したあと、大阪府立女子大学の学長をつとめていた関係もあって、なくなる前まで親しくつきあっていただいたが、なんといっても『日本のなかの朝鮮文化』をめぐるまじわりが、いまも懐しく、いとおしく想起される。

「天下の憂いに先立ちて憂い、天下の楽しみに後《おく》れて楽しむ」とは、北宋の范仲淹《はんちゅうえん》が岳陽楼の修築を祝った文の一節だが、司馬さんはまさしく「先憂後楽」の傑出した小説家であり思想家であった。『韃靼疾風録』以後、文明批評の仕事が多くなるが、司馬さんの「天下の憂いに先立ちて」の「憂い」はますます深刻となった。

『この国のかたち 一』（文藝春秋、一九九〇年）の「あとがき」には、「終戦の放送をきいたあと、なんとおろかな国にうまれたことかとおもった。（むかしは、そうではなかったのではないか）と、おもったりした」と書きとどめられている。そして「鎌倉のころやら、室町、戦国のころのこと」、「やがて、ごくあたらしい江戸期や明治時代のことなども考えた。いくら考えても、昭和の軍人たちのように、国家そのものを賭けものにして賭場《とば》にほうりこむようなことをやったひとびとがいたようにはおもえなかった」と記されている。

敗戦のおりの二十二歳の時の疑問、その「自分への手紙を書き送るようにして書いた」、『この国のかたち』には、司馬さんの歴史に学んでいまの天下を憂うるこころが渦まいている。私憤ではない、公憤である。私なりにいえば司馬さんの〝おおやけばら（公腹）〟がその憂いをつのらせる。「土地を無用にさわることがいかに悪であったかを——思想書を持たぬままながら——国民の一人一人が感じねばならない。でなければ、日本国に明日はない」。これは『風塵抄』の最後の文である。土地へのバブル的投機が、日本のこころをいかに荒廃させたかを痛烈に批判した。日本をこよなく愛した司馬さんは、深くかつ切なく日本を憂えたのである。

大阪書籍の『小学国語』（六年下）に執筆の「二十一世紀に生きる君たちへ」は、平易でしかも簡明な明日を生きる若者への遺言であった。「いたわり」、「他人の痛みを感じること」、「やさしさ」。この三つの言葉はもともと一つの根から出ていると語り、「私たちは訓練をしてそれを身につけねばならない」とおもむろに述べられている。

V
わが師友㈡

歴史家　江上波夫

卒寿頌祝

江上先生には、一九九六年の十一月六日、めでたく卒寿をお迎えになりました。心からお慶び申し上げます。

先日、江上先生の卒寿をお祝いする会を東アジアの古代文化を考える会が主催して行うので、ぜひ参加して欲しいという電話をいただきました。ところが、親しい友人でもあった司馬遼太郎さんが、この二月十二日午後八時五十分、七十二歳でお亡くなりになりましたが、大阪府ともたいへん関係の深い方なので、司馬遼太郎さんをしのぶフォーラムを、司馬さんのご自宅がある東大阪市の大阪府立中央図書館で本日に行う予定が入っておりました。

困ったなと思ったのですが、実は、その企画と責任は私がうけおっておりましたので、すぐに大阪府に連絡してもう少し早く実施してほしいと電話を入れまして、大阪でのフォーラムはもう済みました。したがって、キャンセルはしておりません。みのりのあるフォーラムになりまして、今日はどことの借りもなしに、気楽に参加させていただいたわけです。江上先生のお祝いの会ですので、万難を排して参加しなければ申し訳ないと思ってまいりました。

昭和二十四（一九四九）年二月に、『民族学研究』の誌上で、江上先生を中心とする有名な「騎馬民族征服王朝説」が石田英一郎先生の司会の下、発表されました。私はまだ学生でしたが、昭和二十三（一九四八）年、京大の一回生のおりから日本民族学会の会員になっておりまして、その雑誌は読んでいました。京大の二回生のとき、その『民族学研究』誌上の江上先生を中心とする座談会（「日本民族――文化の源流と日本国家の形成」）の内容を見て、目から鱗が落ちるという表現はこういうことを言うのではないかと思いますが、非常に感動いたしました。

江上先生と親しくさせていただくようになりましたのは、昭和六十（一九八五）年、日本で「高句麗文化展」という朝鮮民主主義人民共和国の文物の展覧会を開催したときに、どういうわけか、江上先生が東日本の代表になられて、西日本の代表には私がなったわけです。もちろんそれ以前に、高松塚壁画古墳検出の後、先生はお忘れになったかもしれませんが、講談社の座談会でご一緒したこともあります。しかし、直接に親しく先生と交わり、ご指導を仰ぐようになったのは「高句麗文化展」からでした。それを契機に、先生が団長で朝鮮民主主義人民共和国に学者・芸術家の代表団が招かれたわけですが、私はその副団長を務めさせていただきました。

そしてまた、一九九〇年の三月十六日に東京のパレスホテルでアジア史学会が結成され、日本、中国、韓国、朝鮮民主主義人民共和国、モンゴル、さらにはアメリカ、フランスの学者も参加したアジア史学会の会長に、先生にご就任いただきました。先生のご指名で、会長代行を私にやれということで、江上先生を会長に戴いて、ずっとアジア史学会のお世話をしてまいりました。

そういう関係もあって、先生とは一緒に旅をしたこともありますし、学会の討論会にもたびたび共に出席したこともあります。いろいろな思い出がたくさんあるわけです。今日はそんな思い出を語る会ではないようですので、そういう話は避けたいと思いますが、少しは申し上げるかもしれません。私にとっては強烈な印象のエピソードがいくつかあります。

先生は卒寿をお迎えになりましたが、お元気で、日本を代表する学者であるばかりでなく、ヨーロッパでも、アメリカでも、アジアでも、「エガミナミオ」といえば、私どもの分野では知らない人がいないという方です。

これは有名な話ですが、京都大学の中近東の調査隊がイランの調査に入りました。新聞記者の方に後で聞いた話ですが、土地の皆さんは、日本人が来たというのを「エガミが来た」と言っていたそうです。日本人の代名詞が江上先生になっている。その話を聞いてなるほどと思ったことがありますが、「騎馬民族征服王朝説」はフランスでも、アメリカでもたいへん有名です。むしろ日本の学者の評価のほうが低いのではないかとさえ私は考えております。

江上先生は、ご承知のように東京大学文学部の東洋史学科のご卒業です。考古学の専攻ではなくて、東洋史を専攻して卒業されました。卒業されると同時に、東亜考古学会の留学生として、早くから北京を中心に万里の長城周辺の調査、モンゴルの調査においでになっています。私どもの京都大学の先輩でもある水野清一先生も、ご一緒に調査に入っておられます。

そして、昭和六（一九三一）年、東方文化学院の研究員になり、戦後間もなく、昭和二十三（一九四八）年、東京大学の教授、東洋文化研究所の所員になられました。したがって、有名な「騎馬民族征服王朝説」は、昭和二十三年、お茶の水の駅の交番の近くの喫茶店と先生は書いておられますが、そこで五月三日、四日、五日と三日間におよぶ討論がなされたわけですから、ちょうど江上先生が東大教授になられたころです。

石田英一郎先生は日本における cultural anthropology——文化人類学の育ての親と言っていい方です。また考古学の大先輩の八幡一郎先生や、そしてやはり日本の文化人類学の育ての親と言っていい岡正雄先生。岡先生にはお目にかかったことがあります。そして江上先生が、その座談会のなかで、前々からの考えを発表されたわけです。昭和二十四（一九四九）年二月に発刊された『民族学研究』の第一三巻第三号がそれで、私は今も大切に保存しています。

江上先生がお書きになった平成六（一九九四）年十一月の回想の記によりますと、当時、東大を中心にAPEの会という会があったそうであります。Aは archaeology（考古学）、Pは prehistory（先史学）、Eは ethnology（民族学）。考古学、先史学、民族学の若い研究者の皆さんの会があった。その会で、先生が自分の考えを一度発表したいと言われたのがきっかけで、『民族学研究』に載る座談会になったと書いておられます。

本日は私の考えを率直に申し上げて、江上先生からいろいろご指導いただきたいと思っていますが、江上先生を中心とするこの座談会が、わが国の歴史学あるいは考古学、民族学あるいは文化人類学などの研究史に持っている意味は非常に重いものがあります。

まず第一に、アジアだけでなく、アジア・ヨーロッパを含めた文化の比較研究をどのようにすべきか。いうならば、グローバルな比較文化史研究における画期的な問題提起であったと私は考えています。

江上先生のことばかり言われますが、岡正雄先生がこの座談会でおっしゃっている内容もきわめて大切です。この座談会の中心は江上先生ですけれども、併せて、岡正雄先生のご発言も極めて重要であります。

第二番目には、私は次のような見方・考え方を「島国史観」と言っておりますが、『古事記』『日本書紀』などを中心に、日本の歴史や文化、日本のことだけを調べていたらわかるという、非常に矮小な歴史の見方、考え方である「島国史観」の弱点、さらにいうならば、それ以前のいわゆる「皇国史観」の弱点を見事に指摘した問題提起でもあったと考えています。

アジア史はもちろん、歴史学、考古学、文化人類学、民族学を含めた、いま流行りの言葉でいえば学際的な、総合的な視点から、『古事記』『日本書紀』などを中心にやってきたような「島国史観」を痛烈に批判するお仕事でもあったと思います。

そして、今の考古学者が言う時代区分とは違うのですが、江上先生は古墳文化を大きく前期と後期にお分けになって、弥生文化と「前期の古墳文化」のつながりと、「後期の古墳文化」には大きな断層がある。「後期の古墳文化」は、大陸北方系の複合体である辰王《しんおう》の後裔の集団が渡来して構築した文化である。わかりやすくいえば、四世紀から五世紀の段階から具体化してくるいわゆるヤマト朝廷のもとは、騎馬民族によって構築されたのだ、という考えを提起されたわけです。

江上先生の説はその後いろいろ批判されています。いまいろいろな先生方がお書きになったもののなかには、最初から「江上騎馬民族説」が多くの人々に支持されて展開してきたように書いてあるものもありますが、これは間違いです。むしろ賛成者は極めて少なかった。その方が事実でしょう。

たとえば、私の恩師の一人ですけれども折口信夫先生、そして柳田國男先生、お二人とも folklore の方ですね。柳田先生は民俗学のまさに育ての親であり、その一の弟子が折口信夫先生ですが、その対談が掲載されたのは同じ年の十二月です。二月に江上先生たちの説が出て十ヶ月後、『民族学研究』第十四巻の第二号で、折口・柳田両先生が「日本人の神と霊魂の観念そのほか」という対談をしておられます。

これも非常に重要な対談です。柳田先生の民俗学と折口先生の民俗学がいかに違うかということを、お二人がはっきりその晩年に示されたわけです。たとえば折口先生の「まれびと論」を、師匠に当たる柳田先生は真っ向から、その対談で批判されています。それまで、それをはっきり公にされたことはあまりないと思います。

柳田先生の民俗学はどちらかといえば実証的、帰納的、いろいろな材料を集めて、そのなかから民俗文化の発展の法則、あるいはその広まりといったものを極めて科学的に分析されています。柳田先生の考えは、常に現代から出発する。考古学という言葉がありますが、柳田民俗学は考現学です。先生自らが考現学といわれています。現代を考える学問である。いにしえを考える学問ではない。現代から出発するわけです。

折口先生は全く違う。具体的な事実から問題を拡延していくわけです。たくさんの事例を集めて帰納していく柳田先生に対して、最も重要とお考えになっている歴史事象、あるいは文化事象を核に演繹していかれる、エクステンシブな折口信夫、インテンシブな柳田國男、両者の方法は全く違う。折口先生は、たとえば近世の歌舞伎を論じられても、絶えず古代を考える。古代的精神が近世にどう受け継がれているか。古代的精神がどのように変わったか。先生は芸能史についても非常に優れたお仕事を残されました。折口先生の民俗学はまさに古代学、古代学としての民俗学であったと言って差し支えないと思います。

両先生とも、神と人の関係、たとえば、柳田先生には『日本の祭』をはじめとするお仕事もありますが、共に祭を論じておられます。柳田先生は人の側から論じていくわけです。神を祭る人のほうに重点がある。折口先生は祭られる神の側から論じていくわけです。非常に対照的です。

その対談は対談としてもおもしろいのですが、両先生は江上説を正面から否定しておられます。『民族学研究』の座談会における江上先生の考えを、同じ『民族学研究』で柳田・折口の両先生が批判しておられる。

あるいは、歴史学のほうで申しますと、歴史学研究会と民主主義科学者協会の古代史部会が一九四九年四月、『民族学研究』の座談会の合評会を行っていますが、ほとんどの方が批判している。

それから、昭和二十五（一九五〇）年五月に行われた東洋文化学会（東洋文化研究所の学会）の座談会、これは『東洋文化』第六号に出ております。もうお亡くなりになりましたが、三上次男先生、考古学の和島誠一先生、歴史学の藤間生大先生といった人たちの座談会も、江上説批判が中心です。

そして、江上説批判の特集を組んだ雑誌は非常に多い。

考古学では、私は古墳時代研究の優れた大先生であったと思いますが、たいへん不遇で、長く助手をされ、講師をされ、定年の半年前に教授になられた、京都大学の小林行雄先生が、一九五一年に、京都大学が出している『史林』第三四巻第三号で、「上代日本の乗馬の風習」という注目すべき論文をお書きになりました。これは江上説批判を念頭に置いて執筆された論文です。

そのほかいろいろありますが、江上先生が、自分の説に歴史学者でいちばん先に賛成してくれたのは坂本太郎先生である、とお書きになっているのを見て、私はびっくりしました。坂本先生は実証派の代表的な先生です。長く東大の助教授で、後に教授となられた、もちろん優れた古代史のお仕事を残された大先生ですが、江上先生がそう書いておられる。

公に坂本先生が江上説を支持すると書かれたものはないと思っていましたので、私は意外でした。坂本先生のような実証派が、江上先生の説を支持しておられた。江上先生がそう書いておられる。なるほどな、やはり坂本先生はすごいな、と改めて坂本太郎先生のお仕事の背景を考えました。

歴史家では、当時はまだ文理科大学と言っていたかもしれませんが、東京教育大学の肥後和男先生、この方も京大の卒業生で私どもの先輩になります。『民族学研究』第十四巻第二号、ちょうど折口・柳田対談の載った号に「日本古代史への管見」という、あまり長い論文ではありませんが、江上先生の説を批判しておられます。

そして、国語学・言語学ではどうであったか。大野晋さんも江上説を批判しておられます。『国文学 解釈と鑑賞』第十九巻第十号の「日本語の黎明――その成立期から貴族時代前期まで」という論文がそれです。

考古学では反対論が圧倒的に多かった。古代史の方からの反対もあったんですね。

これも意外に思われるかもしれませんが、坂本先生の重要なお弟子のひとりは、東大教授になられた、井上光貞先生、私の古代史研究におけるライバルでした。井上光貞先生とはたびたび論争をいたしました。個人的には仲がよかったんですが、松本清張さんからは、京大と東大の学閥の争いのように問題を矮小化して書かれたりもしましたが、そうではありません。東大だから論争するとか、京大だから批判するとか、そんなケチなことで対立したわけではないのですが、日本の県主制がどうしてできるか、国造制がどうしてできるか、いわゆる国県制をめぐる論争を中心にきびしく論争いたしました。

しかし、私からいえば、井上さんは年も上ですし、私が仮に前頭とするならば、井上さんは大関、ひょっとしたら横綱かもしれない。胸を借りるつもりで論争しましたが、残念ながら、井上さんも非常に早くお亡くなりになりました。たいへん寂しい思いをしました。

その井上光貞さんは、賛成論です。岩波書店の『日本国家の起源』という新書を見てください。江上説の賛成派です。私などは新しい騎馬民族説、ネオ騎馬民族説などと言ったことがあります。

ところが、民族学あるいは民俗学の先生方は、当時はほとんど沈黙です。賛成とか反対とかはあまり言われなかった。これはやはり問題でしょう。岡正雄先生のご発言も非常に重要であったと思います。江上先生の説と岡先生の説は、表と裏の関係にあるわけです。東アジアの古代を考える研究者は、岡正雄という先生の残されたお仕事をもう一度しっかり受けとめていただきたいと思います。

そして、昭和二十七(一九五二)年十月、水野祐さんの『日本古代王朝史論序説』が小宮山書店から出版されました。この水野さんの「王朝交替史論」は研究史に残る画期的なお仕事ですが、ある意味で江上説を承認する、条件付き賛成論でした。

そのような状況のもとにあったのであって、江上先生の説が最初から学界で支持され、マスコミで支持されてスタートしたのではないのです。こうした批判のなかで江上先生のその後の「騎馬民族説」は修正されて、発展してきた。江上先生が『民族学研究』でおっしゃったそのままの説であれば、いかに江上先生といえども、一過性の問題提起であったと思います。そのおりおりの問題提起者に過ぎない。問題を提起されて、いろいろな批判のなかで先生はじっくり考え、直すべきものは直し、補強すべきものは補強して、江上説は発展していった。

仮に『民族学研究』誌上の先生のお考えを第一次騎馬民族説とするならば、第二次は、昭和三十九

（一九六四）年、東北大学の日本文化研究所が主催した「日本国家の起源に関するシンポジウム」、これは後に『シンポジウム日本国家の起源』として昭和四十一（一九六六）年に出版されています。石田英一郎さん、東北大学教授の伊東信雄さん、歴史学の井上光貞さん、小林行雄さん。皆さんがすでに亡くなっていますね。江上先生だけはお元気です（笑）。関晃さんもまだお元気です。このシンポジウムの参加者でご生存の方は二人ということになりますが、このときにお出しになった先生の説は、『民族学研究』の説のそのままではありません。間違っていれば、先生からご指摘いただきたい。

先生は、このおりには、騎馬民族の侵入を第一次と第二次とに分けて説明されたわけです。四世紀の前半に北九州に入って、第一次建国があった。そして五世紀、先生が言われる「後期古墳」は五世紀を含んでいます。いわゆる応神・仁徳朝の時代を含んでいるわけですが、その「後期古墳の時代」、すなわち五世紀のころに、畿内に入ってきて、第二次の建国をした。ここでは『民族学研究』誌上の考えをかなり修正されています。

そして、さらに第三次は、昭和四十二（一九六七）年十一月に、先生は中央公論社の新書で『騎馬民族国家――日本古代史へのアプローチ』をお出しになりました。ふつうの中公新書よりはかなり分厚い力作です。

第一部と第二部に分けておられるのですが、引用していると長くなりますので、その部立てについてだけ申し上げますけれども、第一部と第二部にお分けになった理由を、先生は次のように書いておられます。

「本論を1と2の二部に分ったのは、1は、ユーラシアにおける騎馬民族の仮説的全体像を読者みずから読みとっていただくために、その代表的騎馬民族の歴史の概要を記述したものであり、」

一部は北方ユーラシアの騎馬民族の全体像ということです。

「2は、古代日本の歴史の具体的諸現象と、騎馬民族のそれとを対比して、そこに無数に類似点や、共通な現象の見いだされることを明らかにし、これはどうしても古代日本の歴史の主役そのものが、騎馬民族、とくに征服王朝のそれであったとしなければ、理解のしようがないのではないかということを示したのである。」

このように一部と二部に分けたありようを書いておられます。

そして、

「本書の成るにあたって、あらためて、」

これは新しく書き下ろされた本ですが、

「古代日本史と大陸騎馬民族史の研究家諸氏の目ざましい最近の業績に敬意を表し、その学恩に与かったこと多大なものがあることを銘記するものである。」

多大なる学恩と上手に書いておられるんですが、実は、先生はそれまでに出た批判を巧みに自分の説の補強に利用しておられる。そのたくましい根性（笑）。

実は私も、江上説の批判者であったわけです。決して賛成してきた者ではありません。かつては、江上先生を礼讃し、江上説を支持して、最近、何の自己批判もなしに江上説批判に転じている先生方を、私は学者としてあまり信ずるわけにはいかない。最初から批判している人がいまだ批判しているのが続いていても、それはそれでいい。かつて賛成しておいて最近になって批判する方々は、なぜ自分の説がこう変わったのかということをきちんと書いて江上批判に転じなければ、学問をする者の姿勢として、不十分ではないかと思っています。

私は昭和四十七（一九七二）年、角川書店から『大和朝廷』という本を出しました。これは最近、講談社学術文庫に入りましたが、江上先生のお考えにはいくつか疑問があるということをはっきりと書きました。

高松塚壁画古墳が出て、江上先生とご一緒に講談社の鼎談に出たことがありますが、そこでも先生に納得できない点を申しました。たとえば、四世紀に北九州に騎馬民族が来たとおっしゃるが、四世紀の段階では馬具が北九州で出ていないではないか。先生はすごいんですね。「それは上田さん、考古学者が怠慢で、まだ掘っていない。掘れば必ず出る」と言われて（笑）、こんな先生と論争しても勝てるわけがないと思いました（笑）。

最近はちょっと目がご不自由になられ、足元が少し弱られましたけれども、江上先生は本当にお元気です。先生のご健康の秘訣をお聞きしたら、「とにかく不愉快なことは忘れる」。それを聞いてから、私も江上人生哲学で生きております。もう不愉快なことは全部忘れる。明くる日には忘れている。ようやくそれができるようになりました。

いろいろ不愉快なことがありますね。自分にとって不愉快なことだけではなくて、他の人のことでも、見ていてああいうことをやっていいのかなと思って不愉快になることもありますが、このごろはかなり忘れることができるようになりました。

それからよく寝る。「暇があったら寝るんや」と先生はおっしゃって実際によく寝られます。私は朝鮮民主主義人民共和国へは三回行っておりますが、第二回のときに先生が団長でした。共和国の大先生方との討論会があったわけです。江上先生はよく寝られる。例によって、寝られるわけです。江上先生に質問が集中しているわけですね。「先生、質問です」「はいはい」とそれを聞いておられて、また寝る。討論になって、江上先生の答弁になる。そうしたら、先生が立ち上がってどう言われたと思いますか。「それらは副団長が答えます」（笑）。私はびっくりしました。それで答えましたら、「ぼくが答えるよりよかった」と先生に褒めていただいたわけです。もう本当に、ふつうだったら何という先生だと思って腹が立つんですが、先生の場合は全然腹が立たなくて、何をやっても負けですね（笑）。「考古学者が怠慢でよう見つけんのや」と言われたのですが、その後、だんだん見つかってまいりました。

私は江上説を全面的に支持してきたわけではありませんが、最近の批判には間違った批判があるということを、この機会に少し申し上げたいと思います。

まず、江上先生の説は差別史観でも何でもありません。皇国史観にまず最初に対決したのはほかならぬ「江上騎馬民族説」でした。研究史における役割をおろそかに考えては困ります。学問の研究史というものは、長い歴史のなかで、いま言えばそう目新しいことでなくても、昭和二十三（一九四八）年に言われたという問題の重さと深さをやはり受けとめておかねばなりません。皇国史観や差別史観ではありません。そういう批判は、為にする批判であると言わなければならない。

戦後史における古代史研究にとって、最もセンセーショナルでかつ画期的な問題提起が「江上騎馬民族征服王朝説」であったと思います。併せて、江上説を批判しようと思えば、岡正雄説が裏にあると私は見ておりますので、岡正雄説も批判しなければ、その批判は十分ではない。

第二点、江上先生の説も変わってきているのです。どの段階の江上説を批判しているのか。批判するときには、それは先輩に対する礼儀でしょう。

たとえば、私が京都大学を卒業して書いた、岩波書店の『文学』に発表した論文、これは昭和二十五（一九五〇）年の十二月です。それをいま批判されて、今の上田をそれで批判されたら、ちょっと待ってくださいと言わざるを得ません。基本的な考えは変えていませんが、昭和二十五年の段階で私がとどまっているわけではない。その後ずっと研究して来ているし、一部修正もしているわけです。どの時点の上田の説か、それを明記して批判すべきです。十把一絡げにして江上批判説をするのは、後輩のなすべき批判の仕方ではありません。

私は先生の説を全面的に支持してきたわけではありませんが、日本の古代における馬の文化の意味は、もう一度しっかり考える必要があると思っています。

馬の持つ役割には、もちろん軍事的機能もあります。交通上の役割ももちろんあります。特に河内の百済系の渡来系集団と馬のかかわりは極めて深い。

少し細かい話になりますが、この場合の河内は和泉を含んでおります。ご承知のように、河内の国の南部、大鳥郡、日根郡、和泉郡の三郡が分かれて和泉の国ができたのが、天平勝宝九（七五七）年の五月です。それ以前には、和泉の国はありません。したがって、私がここで河内と言うのは、和泉を含んで申し上げているわけです。

五世紀から、河内には馬飼集団がずっと存在しました。たとえば、『日本書紀』で申しますと、履中天皇五年九月の条に河内《かわち》飼部《うまかいべ》が出てきます。これは馬飼に関する史料としては、かなり早い例です。

それから、皆さんもよくご承知のように、継体大王を擁立するときに、大伴金村大連《おおとものかなむらのおおむらじ》の命を受けて迎えに行ったのは、河内馬飼首《かわちうまかいのおびと》荒籠《あらこ》です。これは馬に乗って密使として迎えに行っているわけです。

あるいは、軍事にも関係がもちろんあります。欽明天皇二十二年の条に出てくる河内馬飼首押勝《おしかつ》は、軍事でも活躍した人ですが、河内には馬飼の集団が非常に多い。

『延喜式』をみても、兵部省のなかに左右馬寮《さうめりょう》（馬寮、馬官、馬司）があり、そのなかに飼戸《かいこ》、馬飼の戸があります。『延喜式』はご承知のように延長五（九二七）年に完成した書物ですから、平安時代前期でも終わりのほうですね。十世紀の前半ですが、河内の飼戸がいちばん多い。その次が大和で摂津とか山城は少ない。河内の馬飼の伝統は平安時代にも受け継がれているわけです。

その集団でいちばん重要なのは、西文氏《かわちのふみうじ》の系統です。この西文氏のなかの一族（武生氏《たけふうじ》）が馬史《うまのふひと》を名乗っているように、朝鮮半島南部の渡来集団が馬と深い関係を持っていたことは事実です。

そして、馬は軍事や交通だけでなく、交易にも重要な役割を持っていたことを、最近、改めて痛感しています。たとえば『日本書紀』の欽明天皇即位前紀には、京都の伏見稲荷の創建ともかかわる伏見深草の里に本拠を置いていた秦大津父《はたのおおつち》という人物の説話が書いてあります。

これは有名な伝承で、ご承知の方もあるでしょう。大津父は伊勢に商売に行っているわけです。馬に乗ってです。はっきり書いてあります。

あるいは、『日本霊異記』の次の説話もそうです。『日本霊異記』はわが国に現伝する最も古い仏教説話集です。仏教説話はその前にも書かれたものはあるのですが、残っておりませんから、現伝の最も古いものは『日本国現報善悪霊異記』、略しての『日本霊異記』です。

その中巻の第二十四話は、諾楽（奈良）に住む楢磐嶋《ならのいわしま》が都魯鹿（敦賀）へ商売に行った説話です。何を使ったかというと馬です。もちろん船も使っているわけですが、馬と古代の商業、馬と古代の交易、その意味をもっと考える必要があると思っています。

そして、厩戸皇子という名前ですね。聖徳太子のいみな（諱）です。いわゆる景教、キリスト教のネストリウス派のキリスト誕生説話、これは久米邦武先生以来、言われてきた説です。厩戸皇子は厩から誕生する。穴穂部間人皇女《あなほべのはしひとのひめみこ》が厩の戸に当たって懐妊するわけで、そういう説もありました。

私は違うと考えています。これは馬官《うまのつかさ》の戸なんですね。馬官の戸とはっきり書いてある（『日本書紀』推古天皇元年四月「至于馬官、乃當厩戸」)。朝廷の馬飼の馬官の戸に当たって孕んだと伝えています。厩戸の命名のエピソードも、渡来集団の馬飼とのつながりも考えたほうがいいのではないか。これはいま初めて言うわけではありません。平凡社から出しました『聖徳太子』(昭和五十三年=一九七八年)という本のなかで、だいぶ前に書いたことがあります。

また、江上先生の説を、日本の古代に生贄がない、サクリファイスがないということから批判をしておられる方もあります。殺牛馬の信仰と習俗が日本の古代にあったということについては、平成五(一九九三)年六月に同朋舎出版から私の編で出版した『神々の祭祀と伝承――松前健教授古稀記念論文集』所収の論文(「殺牛馬信仰の考察」)でも詳しく論証しております。

日本の古代に生贄の習慣がなかったという批判は当たらない。騎馬民族が生贄を知らないのはおかしいではないかという批判がありますが、その批判は正当ではありません。

そして、そういう史料が出てくると、これは漢神《あやがみ》の信仰である、一部の渡来集団のやっていた極めて限定された習俗であるという説を唱えておられる方もあります。サクリファイスはあるが、それは極めて限定された習俗であったというのも、はたしてそうでしょうか。

詳しくは『神々の祭祀と伝承』所収の論文を見てください。文献に出てくるだけではない。考古学、民俗学の資料にもあります。

文献のほうで申しますと、たとえば『日本書紀』の皇極天皇元年七月の条に、雨が降らない、そこで村々の祝部《はふりべ》、神祭りをやっている人びとが牛馬を殺して雨乞いをしたけれども、雨が降らなかったと書いてある（「村村祝部所教、或殺牛馬、祭諸社神」）。この『日本書紀』の記事にも、中国の漢籍を参考にして書いている箇所があります。しかし、これは特定の村々の祝部ではない。各国々の祝部の説話として書かれています。

それから、これは大事な史料ですが、天平十三（七四一）年二月七日、聖武天皇の詔勅が出ています（『続日本紀』）。諸国の民衆が牛馬を殺して雨乞いをする、それはもうやめなさいという禁令です。理由を挙げていますが、牛馬は日本では役畜であり、みだりに殺してはならん、そういうことをやれば厳重に処罰するという内容です。

これを放生《ほうじょう》思想、生き物を憐れむ思想、仏教の関係だけで説明する先生が多いのですが、実は天平十三年の詔《みことのり》にはそうした仏教的要素は全くありません。むしろ経済的要素で殺牛馬を禁止しているわけです。少ない牛馬は大切です。「馬は軍国の資なり」などという史料もあります。

そして、特定の集団だけだとおっしゃる方もありますが、延暦十（七九一）年九月、政府は牛を殺すことを禁じています。これは『続日本紀』に出ています。ところが、そのとき出している対象の国々を見てください。特定の国ではない。

つまり、史料というものは全部読まなければいけない。部分的に都合のいいところだけ取り出して批判するなどというのでは不十分でしょう。都合の悪いところをどう見ていくかというのが、私ども研究者が常に悩んでいるところです。

たとえば、ここでは伊勢、尾張、近江、美濃、若狭、越前、伊予の国々が対象になっています。

『続日本紀』だけではありません。

『類聚三代格』に延暦十九(八〇〇)年九月十六日の太政官符が載っています。殺牛馬の習俗をやめよというその禁令も、特定の地域に対して出されているわけではありません。諸国の百姓に対して出しています。

それだけではない。考古学の発掘事例もかえりみてほしい。牛や馬を殺して祭りをしたことを反映する発掘例もたくさんある。私の論文にも列挙しています。

たとえば、石川県羽咋市寺家《じけ》遺跡、牛馬の歯が火を燃やしてお祭りをしたところから出ています。佐渡相川の馬場遺跡、天理市布留《ふる》遺跡。奈良県大和郡山市の稗田遺跡、大阪府四條畷《なわて》の奈良井遺跡、ここでは馬一頭分の骨が出ています。大阪府八尾市の池島・福万寺遺跡、ここでは牛の骨が十一点、祭りの場から出ています。京都市南区大藪遺跡。京都府八木町の八木ノ嶋遺跡。京都府網野町の岡一号墳、ここでは古墳のなかから馬の前肢骨が出ています。

このような、発掘調査の成果を見ても関係の遺跡・遺物はたくさんある。これらはサクリファイスの反映ではないですか。

そして、現代の folklore につながる、馬を神に供える。つまり、それが形が変わって絵馬になるわけです。静岡県の伊場遺跡や平城京域からは奈良時代の絵馬が出ていますね。そういう牛や馬を神に捧げる祭りはいまもある。そうした民俗の事例も挙げていくときりがありません。

したがって、サクリファイスの否定で江上説を批判しても、それは江上説の批判にはならないと考えています。ただし、私は一貫して「騎馬民族説」を全面的に支持してきたわけではありません。現在も、江上説にすべて賛成などと言っているわけではありません。私の立場を明確にしておきます。しかし、先生のこれまでなさってこられた、ユーラシアを中心とするお仕事は、高く評価されても、けなすわけにはまいりません。私はあえて申しますが、先生の説の評価すべき点はきちんと評価して批判をしなければ、後輩として先輩の学問に対して申し訳ないと思うわけです。

江上先生の古代ユーラシアを中心として築いてこられた研究の業績には、今後も多くの研究者がたくさん学ばせていただくことがあると思います。私は、先生の研究の成果がそう簡単に滅びるはずはないと考えています。

われわれが江上先生から学ぶことはまだまだたくさんあります。どうか、お元気でますますわれわれをご指導、ご鞭撻下さいますよう、お願いします。

騎馬民族征服王朝説

昭和二十四(一九四九)年二月の『民族学研究』(第十三巻第三号)に掲載された石田英一郎の司会による岡正雄・八幡一郎・江上波夫の四碩学《せきがく》の問題提起とその討論は学界に大きな反響をおよぼした。石田英一郎はオーストリアに留学して文化人類学を研修し、帰国後、帝国学士院嘱託、張家口西北研究所次長をへて、昭和二十四年に法政大学教授、昭和二十六(一九五一)年に東京大学教授となり、昭和三十八（一九六三）年から東北大学教授に就任、その後埼玉大学教授をへて、昭和四十三（一九六八）年に多摩美術大学学長、同年十一月九日にこの世を去られた、日本における文化人類学の先達のひとりであった。学術雑誌『民族学研究』の編集者としても活躍し、昭和二十三年に著わされた『河童駒引考』や『一寸法師』、昭和三十一年の『桃太郎の母』ほかの名著がある。その業績は『石田英一郎全集』（全八巻、筑摩書房）にまとめられているが、マルクス主義理論を止揚しての独自の学風には注目すべき研究が多い。

岡正雄は大正十三（一九二四）年の二月（東京帝国大学文学部在学中）、柳田國男邸をはじめて訪問、これが機縁となって柳田邸で開かれる木曜会に列席、金田一京助・折口信夫・伊波普猷・中山太郎・早川孝太郎・ネフスキーなどの諸先輩を知る。昭和四（一九二九）年からウィーンに留学、昭和医学専門学校教授をへて、昭和十三（一九三八）年にウィーン大学客員教授、昭和十八（一九四三）年に民族学研究所所員、昭和二十五（一九五〇）年四月に日本民族学協会理事長となり、翌年東京都立大学教授、昭和三十五（一九六〇）年に明治大学教授をへて昭和三十九（一九六四）年に東京外国語大学教授、アジア・アフリカ言語文化研究所長に就任、昭和四十三年五月二十五日に逝去された、国際的にも著名な文化人類学者であった。名著『異人その他』（一九七九年、言叢社）にその業績が反映されている。

八幡一郎は大正十三（一九二四）年に日本大学文学部講師となり、また東京大学理学部人類学教室の副手となったが、昭和六（一九三一）年十二月に東京大学理学部助手、同十四（一九三九）年に講師、同十八（一九四三）年に民族学研究所所員に就任、敗戦後は東京国立博物館に関係して、昭和二十六

（一九五一）年には学芸部考古課長として活躍した。つづいて東京大学文学部専任講師、東京教育大学文学部教授、上智大学文学部教授を歴任、さらに日本考古学協会委員長もつとめて、昭和六十二（一九八七）年十月二十六日になくなった。昭和二十二（一九四七）年に刊行された『日本石器時代文化』は有名であり、この書はその分野における先駆的な業績であった。一九五三年の六月に出版された、中学生に向けての執筆『古代の生活』（筑摩書房）には、「先史学」についての平易な説明がなされている。

上記の三人の先学はすでに黄泉路へと旅だたれたが、いまもなお健在で多忙な研究活動にいそしんでおられるのが江上波夫氏である。江上波夫は東京大学の文学部東洋史学科を卒業後、ただちに東亜考古学会の留学生として北京におもむき、水野清一らと共に内蒙古・長城地帯を踏査、昭和六（一九三一）年に東方文化学院研究員となり、昭和二十三（一九四八）年に東京大学教授、東洋文化研究所所員に就任する。そして『日本民族の起源』収録の「日本民族＝文化の源流と日本国家の形成」で、壮大な構想にもとづく、いわゆる騎馬民族征服王朝説を発表した。昭和三十八（一九六三）年には『日本における民族の形成と国家の起源』（『東京大学東洋文化研究所紀要』第三二冊）をまとめ、昭和四十二（一九六七）年には『騎馬民族国家』（中公新書）を公にした。その後も自説を補強する調査と研究を精力的に積み重ね、昭和五十八（一九八三）年には文化功労者となり、一九九一年には文化勲章を受章した。古代オリエント博物館館長のほか、アジア史学会会長などをつとめる。『ユウラシア古代北方文化』、『アジア――民族と文化の形成』をはじめとする多数の著作がある（『江上波夫著作集』平凡社）。

一九九四年の十一月六日には米寿を迎えられた。

こうした四人の碩学による問題の提起と討論は、昭和二十三（一九四八）年の五月四日から六日まで、東京神田の喫茶店で行われ、その内容は翌年の『民族学研究』に「対談と討論」として掲載された。

北方大陸系の騎馬民族が、日本列島に渡来して、征服王朝を樹立したとする大胆かつ壮大な構想を背景とする仮説は、当時の学界にきわめてセンセイショナルな反響をよびおこした。当時京都大学文学部の二回生であった私もまた『民族学研究』のこの「対談と討論」をむさぼるようによんで興奮したことを、いまでもはっきりと覚えている。

「日本民族」の形成をめぐって、渡来の「天孫種族」とのかかわりを重視した見解は、江上波夫説以前にもあった。たとえば喜田貞吉の「天孫種族渡来説」がそうである。喜田貞吉の研究分野のひとつに「民族史」の研究があった（喜田貞吉の学問についての私見は、『喜田貞吉』〈一九七八年、講談社〉で述べているので参照されたい）。喜田貞吉の民族史研究のあらましについては、『古代史論叢』（上巻）（一九七八年、吉川弘文館）で言及したが（『古代伝承史の研究』所収、一九九一年、塙書房）、その拙文の一節を江上説以前の代表的な見解として先ず紹介することにしよう。

喜田の民族史研究は、一九〇六年末にはじまって、翌年三月の「土蜘蛛種族論」「蝦夷とコロボックルとの異同を論ず」（『歴史地理』九巻三号）から具体化する。「東人考」（『歴史地理』二三巻六号～二四巻四号）、「日本太古の民族に就いて」（『史学雑誌』二七編三号）、「倭人考緒論」（『歴史地理』二八巻一号）、「熊襲考」（『同』二八巻二号）、「肥人考」（『同』二八号三号）、「隼人考」（『同』二八巻五号〜三九巻一号)、「秦人考緒論」(『同』三十巻二号)などと論究が積み重ねられ、やがて『民族と歴史』の創刊号をかざった「『日本民族』とは何ぞや」にいたる。

喜田の民族史研究は、原始・古代を主たる対象とするものであった。そしてその方法は、古文献の解釈に出発して、これを遺物・遺跡の状況や習俗などから補強しようとする視角からのものであった。もっぱら「古代の住民」の歴史的考察に主眼をおいた喜田の見解は「日本民族の成立」(『民族と歴史』五巻二〜四号)や一九二九年の「日本民族史概説」(『日本風俗史講座』所収)、さらに一九三八年の「日本民族の構成」(『日本文化史大系』所収)などにもまとめられているが、その基本的な考え方は、つぎのような喜田の「日本民族」の規定に立脚するものであった。

日本古文献にみる隼人・熊襲・肥人などを「西方民族」とみ、蝦夷を「東方民族」とみなした喜田は、「天孫種族」の朝廷が、これを融合同化したと認識して「我が『日本民族』は、実に天津神の後裔《こうえい》たる民族と、これに同化融合した国津神の後裔とが、相倚り相結んで成立したのである」という(「『日本民族』とは何ぞや」)。したがって「我が『日本民族』が、天津神と国津神とを祖神と仰ぐ両民族の、完全なる融合同化から出来た複合民族であること」を強調し(『同』)、「我等の所謂日本民族とは、我が帝国の臣民として言語風俗を同じうし、思想的に同一民族たることを意識するすべての民衆の総称である」と定義づけた(「日本民族史概説」)。

喜田は「日本民族」即「天孫民族」とは考えない。むしろ「天孫種族の接木に依つて、其接木の結果として、皆天孫種族になつて居るもの」と思考したのである(「日本太古の民族に就いて」)。

このような喜田の「日本民族」形成論は、江上波夫の騎馬民族征服王朝説の前史としてみのがすわけにはいかない。そして喜田は、大正八（一九一八）年一月の「日本民族概論」（国史講習録科外講義）においていて、つぎのように述べている。

「天孫種族渡来以前の先住人民の何者であつたかと言ふ事は別問題として、後に渡来して彼等を征服し、彼等を懐柔し、彼等を併合し、彼等を同化して、ここに有力なる一大日本民族を作るに至つた天孫種族は、もと大陸のある地方に住んで居たもので、遠い大昔を尋ねて見れば、朝鮮・満洲・蒙古等に繁延するウラルアルタイ語族の民と密接の関係を有し、中にも高句麗・百済等の扶余族とは比較的近い間柄で、それが或る時代に我が島国に渡来したものと解すべきものかと思われる」

喜田貞吉の「民族史」研究の一端をやや詳しくとりあげたのは、「日本民族」を「複合民族」として認識し、「天孫種族」の渡来による「接木」によって、「日本民族」が形成されたとする見解は、江上波夫説以前にも存在したことを知っておいてもらいたいためである。

江上説では岡正雄のいう「栽培民的文化」―「母権的社会」―「南方的」と、「牧民的文化」―「父権的社会」―「北方的」との伝播的段階説を、さらに発展させて、弥生文化と前期古墳文化とのつながりを指摘し、後期古墳文化との断層に注目して、大陸北方系文化複合体を帯同した辰王の後裔《こうえい》が渡来したとみなす。そして「そこ（「近畿」）の占領が日本の征服に不可欠な要件で」あって、「そうしてそれに成功して、ここに大和朝廷がはじめられ、天皇氏がその中心の勢力としてはっきりと歴史に浮かびあがって来た」という騎馬民族征服王朝説を提起した。

喜田貞吉の「天孫種族」渡来説においても、「天孫種族」を「朝鮮・満洲・蒙古等に繁延するウラルアルタイ語族の民と密接の関係を有し、中にも高句麗・百済等の扶余族とは比較的近い間柄で、それが或る時代に我が島国に渡来したものと解すべきもの」とする見解が提示されてはいたが、遺憾ながらその考えは着想にとどまって、これを実証する具体的な論究はきわめて不充分であった。江上波夫説は、東アジアの古文献や考古学的研究などをおりこんでのグローバルな提言であり、喜田説よりは、はるかに魅力にあふれかつ具体性にとんでいた。ミマキイリヒコ（崇神天皇）は任那《みまな》の城の王であり、その統率する騎馬民族によって「大和朝廷」が成立したとする壮大なスケールの仮説は、戦前・戦中のいわゆる「皇国史観」をあらたな視座から問いただす試論ともなった。

『民族学研究』誌上における四碩学の問題提起とその討論には、示唆にとむ見解が随所にみいだされるが、そのなかでもっとも注目されたのが江上波夫による騎馬民族征服王朝説であった。岡正雄もまた重要な問題提起をなし、その提言は一九五六年の「日本民族文化の形成」（『図説日本文化史大系』第一巻、小学館）にまとめられている（『異人その他』所収、一九七九年、言叢社）。たとえば『古事記』・『日本書紀』の神話における皇祖神は、アマテラスとタカミムスヒとの二元性をもつが、この点をめぐってのつぎのような岡正雄説には軽視できない視角が宿っている。

日本文化が「混合・累積的構造の文化」であることを重視する岡正雄説では、アマテラス神話とタカミムスヒ神話とは「全く別系統の神話圏に属するもの」であり、イデオロギー的に牧畜民的文化を背景とする「タカミムスヒ神話を伝承する進入民族」が「アマテラス神話を固有とする先住の米作農耕民族を征服し」てタカミムスヒを皇祖神化したと説く。それなのに、なぜ本来皇室の祖神として崇拝さるべきタカミムスヒよりも、日神アマテラスがもっぱら皇室の祖神として崇拝されるようになったのか。その点については、「支配民族」いわゆる「天皇族」と「先住族」の種族的文化的混淆《こんこう》によって、「天皇族の文化は短時日の間に先住異族の文化に吸収される」にいたり、「母系種族に固有であったアマテラスが、母系種族文化の浸透に伴い、専《もっぱ》ら皇室の祖神として崇拝を享受するにいたった」と説明されるのである。

もっとも、タカミムスヒに表象される神系とアマテラスに表象される神系のすべてを、こうした種族的文化混淆のみによって解明しうるかどうかについては、別の見地からもなお慎重に検討する必要があるが（この点にかんする私見は『日本神話を考える』〈一九九一年、小学館〉などで言及した）、『民族学研究』誌上における「対談と討論」の内容には、騎馬民族征服王朝説ばかりでなく、岡正雄の所論にみられるような問題意識も内包されていた。

江上波夫の騎馬民族征服王朝説は、学界のみならず、ジャーナリズムでも大きくとりあげるようになった。まさに衝撃的な騎馬民族征服王朝説にたいしては、学界では賛成論よりもむしろ批判的な見解を述べる人びとが多かった。その発表当時すでに賛同者が学界で多数を占めていたかのようにいうのは誤りである。きわめて象徴的なのは、『民族学研究』（第十三巻第三号）が発行された同年十二月の『民族学研究』（第十四巻第二号）における柳田國男と折口信夫の「日本人の神と霊魂の観念そのほか」

についての対談である。この対談は、柳田学と折口学のひ、ら、き、とそのち、が、い、を示す、学説史上のきわめて重要な対談だが、この両先学は、日本国家の成立について、大陸から侵入した騎馬民族の征服というような事実を認めがたいとする点では共通していた。

学界ではまず歴史学研究会と民主主義科学者協会の古代史部会が、『民族学研究』の「対談と討論」を、同年の四月に江上波夫を招いて合評会を開き、その場で論争が展開された。そして昭和二十五(一九五〇)年の五月には、東洋文化学会(東洋文化研究所の学会)でも座談会があって、長谷部言人・三上次男・藤間生大・和島誠一らが意見を述べて、江上波夫との間で質疑応答があった(『東洋文化』第六号)。藤間生大らの批判に対しては石田英一郎が反批判をこころみ(「世界史と一国史」、世界史研究会機関誌『世界史』第二号)、昭和二十五年には三上次男が「日本国家＝文化の起源に関する二つの立場——天皇族は騎馬民族か」(『歴史評論』第四巻第六号)を公にして江上波夫説を批判した。三上次男は「征服者の性格とその方法」についての疑問を提示し、「大陸からの移住者の集団」と「その文化」が、「つよく日本在来の社会や文化に影響したのは」、「西紀前一、二世紀から後一世紀にわたる時代であろう」として、江上説とは異なる見解を表明した。

江上波夫の騎馬民族征服王朝説をめぐっての賛否両論が渦まいたが、むしろ批判する研究者の方が多数であった。『民族学研究』の「対談と討論」は、昭和三十三(一九五八)年に『日本民族の起源』(平凡社)に収められた。その序を執筆した石田英一郎は「九年の後に」で、この間の論争の経過にふれている。そして『日本民族の起源』では、討論参加者みずからが注記のかたちで、批判と疑問に対する反論と回答をこころみた。

考古学の側から積極的に批判した論文に、小林行雄の「上代日本の乗馬の風習」(『史林』三四巻三号、一九五一年)と後藤守一の「上代に於ける貴族社会の出現」(日本人類学会編『日本民族』一九五一年、岩波書店)がある。小林は『史林』(三二巻二号)の学界動向のなかで、江上波夫説について「それ自身のうちに成立しがたい時代錯誤を含んだ」ものがあると批判したが、前掲論文において、考古学上から乗馬の風習を実証しうる遺物の上限を求めると、五世紀以前にさかのぼることはきわめて困難であることなどを論述した。後藤守一はその論文のなかで、「古墳文化の推移には、発達《エボリューショナル》的のものはあるが、変革《レボリューショナル》的なものはない」とみなし、「皇室及びそれをめぐる貴族の出現が、西暦四、五世紀代というようなものではなく、少なくとも西暦前一、二世紀にまでさかのぼるものであり、弥生式文化人の間から出たものである」と批判した。

古代史の側よりする肥後和男の「日本古代史への管見」(『民族学研究』十四巻二号)、言語学・国語学からの批判ともいうべき大野晋の「日本語の黎明――成立から貴族時代(前期)まで」(『国文学・解釈と鑑賞』十九巻第十号)などもあったが、「対談と討論」の冒頭をかざる岡正雄の「古日本の文化層」にかんする重要な提言に対する賛否論はほとんどなく、民族学や民俗学などの研究者の側からの反応が少なかったのは不思議である。管見のかぎりでは和歌森太郎・長野正の「黎明期日本の社会と生活」(『新日本史大系』第一巻第二章、一九五二年、朝倉書店)ぐらいが目につく。

戦後における古代史の論争で注目すべきものに、昭和二十三(一九四八)年の十二月に出版された石母田正の「古代貴族の英雄時代」（『論集史学』所収、三省堂）による問題提起をうけてはじまった英雄時代論争がある（英雄時代論争などについては、上田正昭編『論集日本文化の起源』第二巻解説、一九七一年、平凡社ほかでも論及した）。そしてその賛否をめぐるシンポジウムは、昭和二十四年から活発に行われた。そしてそのなかでの一つみすごすことのできぬあらたな問題提起が一九五二年の十月に公刊された水野祐の『日本古代王朝史論序説』（小宮山書店）であった。

三～五世紀を「日本古代貴族の英雄時代」と規定した石母田正の見解は、いわゆる英雄時代を「原始的民主制の段階」とみなす「英雄時代論」として有力視された。これに対して北山茂夫（「民族の心」、『改造』第三十四巻第十二号）、上田正昭（「ヤマト王権の歴史的考察」、『日本史研究』第二一号）らの批判があって、いわゆる英雄時代論争が、江上波夫の騎馬民族征服王朝説をめぐる論争とあいならんでくりひろげられた。

水野祐の『日本古代王朝史論序説』は、「万世一系的神聖天皇」は、「伝説的史実に拠るものであって、忠実に基づくものではない」とし、古王朝（崇神・成務・仲哀）、中王朝（仁徳天皇はこの王朝の英雄）、新王朝（継体天皇の血統）の三王朝交替説を主張した。その視角と方法は、江上説とは異なるが、「中王朝」の「国家の支配階層は北方系森林騎馬狩猟民族であり、高句麗、百済の支配階層と同種の扶余系民族であった」とし、「細部に亘《わた》っては異論もあるが、此点に於《お》いて、江上教授の北方騎馬民族列島侵入説を私は或る意味で承認することも出来る」と賛成を表明した。

こうした動向のなかで、公にされた見解に井上光貞の『日本国家の起源』（岩波新書、一九六〇年）

がある。井上は「英雄時代」にかんしては、三〜五世紀の社会は「石母田氏のいう英雄時代、政治体制についていえば、原始的民主制の段階にこそふさわしい時代」としてこれを肯定し、騎馬民族征服王朝説をめぐっては、「わが国の『後期』の古墳文化は、一つの文化複合体である。その文化複合体の各要素がばらばらに、選択的に、日本にうけいれられたとは考えられないのである」とし、「したがって、前者（前期古墳文化）から後者への推移は、支配者の交替のもたらしたものとみなすのが自然である」と賛成した。

騎馬民族征服王朝説のその後において、もっとも注意されるのが、昭和三十九（一九六四）年の六月に、東北大学日本文化研究所の主催で開かれた「日本国家の起源に関するシンポジウム」であった（『シンポジウム日本国家の起源』一九六六年、角川書店）。このシンポジウムには、江上波夫のほか、石田英一郎・伊東信雄・井上光貞・小林行雄・関晃の諸学者が参加して、江上波夫説に対する疑問あるいは批判を展開した。私が注意すべきというのは、このころから江上騎馬民族征服王朝説は、あらたに修正・補強した論へと新しい展開を示すにいたったからである。その点について、つぎのように要約したことがあった（上田正昭編『論集日本文化の起源』第二巻、解説、平凡社、一九七一年）。

このシンポジウムには、日本古代史・東洋史やさらに考古学・文化人類学などの諸学者が参加し、江上があらたに提起した騎馬民族征服王朝説をめぐって討議がなされた（「シンポジウム日本国家の起源」一九六六年）。江上の論説は旧説よりもいっそう具体的となり、考古学・神話伝承・東アジア史の三つの視点を綜合して展開された。かつての見解では、四世紀初頭に比定する崇神王朝の征服を重視する立場がとられていたが、新説では四世紀前半における朝鮮半島南部からの北九州への侵入（崇神天皇を主役とする第一回の「建国」）と四世紀末ごろの九州からの畿内への進出（応神天皇に代表される第二回の「建国」）という二段階が想定された。そして古墳文化の年代についても再検討が必要であり、後期古墳文化の開幕は、応神・仁徳両天皇陵のころからとみなすべきであるとのべた。神話伝承からの考察では、高千穂への降臨神話は朝鮮半島南部の駕洛《カラ》国建国説話と類似し、それは第一回の侵入にもとづく伝承であって、夫余・高句麗系の建国神話と似通った要素をもつ神武東征説話は、第二回の進出を反映したものだといい、第二回の進撃は国ゆずり神話にも反映されているのではないかと推定する。東アジアの国際関係については、倭王の出自が朝鮮半島南部にあったこと、崇神天皇のころから倭韓連合国が成立していたことなどを論じ、それらが後の倭王の行動にも影響していたというのである。

江上波夫の騎馬民族征服王朝説が、昭和二十三年五月の発表（『民族学研究』掲載は昭和二十四年の二月）の段階から年次を追って修補されてきたことを無視するわけにはいかない。そして江上波夫による論文「日本における民族の形成と国家の起源」が、東京大学東洋文化研究所の紀要に発表され、昭和四十二（一九六七）年の十一月には『騎馬民族国家――日本古代史へのアプローチ』（中公新書）を刊行した。

その〝まえがき〟は、江上波夫の騎馬民族征服王朝説がどのような問題意識からスタートしたかを知る上で参考になる。

私はユーラシアにおける農耕民族の歴史的諸類型と騎馬民族の歴史的諸類型とを集成し、ユーラシアの農耕民族と騎馬民族の歴史の仮説的全体像の作成を試みてきたのである。そうして、この両種の仮説的全体像と古代日本の歴史とを比較研究した結果、農耕民族の歴史的類型は、弥生式時代から古墳時代前期の日本にはきわめてよく即応するが、古墳時代後期（応神朝以後の大化前代）には、本質的に合致しない。一方後者は、騎馬民族の歴史的類型——とくに征服王朝のそれにすこぶるよく照応することを知ったのである。

そして著者みずからが『騎馬民族国家』（中公新書）の構成を二部にわけた理由についてつぎのように述べている。

「本論を1と2の二部に分ったのは、1は、ユーラシアにおける騎馬民族の仮説的全体像を読者みずから読みとっていただくために、その代表的騎馬民族の歴史の概要を記述したのであり、2は、古代日本の歴史の具体的諸現象と、騎馬民族のそれとを対比して、そこに無数に類似点や、共通な現象の見いだされることを明らかにし、これはどうしても古代日本の歴史の主役そのものが、騎馬民族、とくに征服王朝のそれであったとしなければ、理解のしようがないのではないかということを示したのである。

本書の成るにあたって、あらためて、古代日本史と大陸騎馬民族史の研究家諸氏の目ざましい最近の業績に敬意を表し、その学恩に与ったこと多大なものがあることを銘記するものである。」

しかもこの書のなかでは批判者の論説をもたくみに収斂《しゅうれん》して、かえって自説の強化に活用されたりしている。

私自身が騎馬民族征服王朝説には批判的であった。たとえば拙著『大和朝廷』(角川書店、一九七二年)のなかで、四世紀においては騎馬の風習を認めることはできず、ミマキイリヒコのミマキを「任那の城」と関係づけることには多くの疑問があり、朝鮮側の文献や金石文にみえる「任那」の用語はきわめて少なく、しかも五世紀以後の用例であることなどを指摘して、私なりの疑問を提示したことがある。

日本古代史の研究者の多くも、その論著で「大和朝廷」、「大和王権」、「大和政権」などという語をきわめて無限定に使用しているが、『古事記』や『日本書紀』はもとより「大宝令」においても「大和」の用字はなく(「倭」あるいは「大倭」と書く)、養老令の施行すなわち天平宝字元(七五七)年五月のころから「大和」が具体化してくる(前著『大和朝廷』で考察した)。「朝廷」の用語もより厳密に規定して使用すべきであり、「近畿」という行政上の範囲が明確になるのも、明治三十六(一九〇三)年のころからであった(律令制では「畿内」および「近国」であり、畿内制の成立も、私見では天武・持統朝のころからと考えている)。したがって江上の論著に、「大和朝廷」や「近畿」などの用語がしばしば登場するのも検討すべき点であろう。水野祐はあらたに「《騎馬民族説》批判序説」(『論集騎馬民族征服王朝説』所収、大和書房、一九六五年)を執筆して、井上光貞が水野祐説を《ネオ騎馬民族説》とみなしたのをうけて、「江上教授の《騎馬民族征服説》にはなおただちに賛同しがたい点」を八点ばかり列挙した。

最近では江上波夫と佐原真との対談『騎馬民族は来た!? 来ない?!』(小学館、一九九〇年)が刊行され、さらに佐原真は『騎馬民族は来なかった』(NHKブックス、一九九三年)を公にして、具体的に江上説を論駁した。そのなかの犠牲などの批判についてはは必ずしも同意できない点があるが(「殺牛馬の信仰」、上田正昭編『神々の祭祀と伝承』所収、同朋舎出版、一九九三年)、江上波夫氏みずからの再批判が待望される。

賛否両論は、日本国内ばかりでなく、韓国や中国あるいはアメリカなどの研究者の間でも、いまもなおつづいている。しかしその最初の問題提起が、戦後の昭和二十三年の五月という時期であったことを忘れるわけにはいかない。そして江上波夫ばかりでなく、岡正雄をはじめとする碩学の提言もまた、研究史において軽視できない内容を包蔵していた。江上波夫らの「対談と討議」は、戦後において画期的な提言と仮説であったにとどまらず、もっともセンセイショナルなこころみであった。問題の提起からすでに四十五年をこえるが、米寿を迎えて現在も精力的に調査と研究をつづけ、自説の補強をこころがけておられる情熱には驚嘆するほかはない。『日本民族の起源』は戦後まもない当時の問題の所在を再確認するためにも貴重である。用語その他、批判すべき点も多く含まれているが、批判のための批判でなく、問題を発展的に止揚すべき前提ともなる「対談と討議」であった。

※お元気であった江上波夫先生も、ついに残念ながら平成十四(二〇〇二)年に逝去された。その業績は『江上波夫著作集』(全十二巻、別巻一)および『江上波夫文化史論集』(全八巻)に集約されている。

文化人類学者　米山俊直

敬愛する米山俊直さんが、去る二〇〇六年三月九日に残念ながらあの世へ旅立たれました。二〇〇四年の十一月に胃癌で手術をされまして、お元気になられてたいへんよかったと思っておったのですが、まことに痛恨の極みです。先日、国際京都学協会の松田事務局長さんから追悼の講演をしてほしいというご依頼がありました。楽しい講演ならいいのですが、親しく交わった人を偲んで講演をするというのはたいへん心が痛み淋しい限りで、言葉にならないことも多いと思いますが、米山さんのご冥福を念じながら追悼の話をさせていただきたいと思います。

米山さんは多方面で活躍されました。いまから四年前になりますが平成十四（二〇〇二）年五月二十六日に京都の賀茂御祖《みおや》神社、いわゆる下鴨神社の糺《ただす》の森で有志相集いまして社叢学会を設立しました。

この学会は聖なる社寺林、すなわち神社や寺院の森、あるいは塚の木立、古墳などのいろいろな史跡の樹木、沖縄の御嶽《ウタキ》、さらに広くアジアの holy forest、あるいは wood を保存し活用していくことを環境問題の一環として、森の国、森林の国日本にふさわしい学会をつくろうではないかということで、国内はもとよりアメリカのドナルド・キーンさんをはじめとする方々の参加をえてつくりあげた学会です。

私が図らずもその学会の初代理事長を務めておりますが、米山さんにも発足以来理事になっていただいて、いろいろご協力いただいたわけです。二〇〇六年の一月二十八日に関西の定例研究会が開かれて、私もその研究会に出たわけですが、米山さんも来ておられました。

いま全国に、関東には関東の定例研究会、中部には中部の定例研究会がありますが（現在は九州・北陸にも）、それぞれの支部が年に六回ぐらい隔月に研究会をおこなっているわけで、二〇〇六年の第一回の関西の定例研究会が一月二十八日にありました。

米山さんも参加されて、研究会で質疑応答があったときも活発に質問しておられましたし、あとで実は五月二十七日に、第五回の研究大会を、福岡に支部ができあがることになりましたので、太宰府市の太宰府天満宮でやるという相談をしておりましたときに、米山さんが「先生、基調講演をする人がいなければ私がやってもいいですよ」というようなことを言っておられたんですね。

今日おみえの山折哲雄さんに実は福岡での社叢学会大会の「鎮守の森の伝統と課題」というシンポジウムの基調講演をしていただいたわけですが、米山さんが生きておれば、きっと福岡の大会にも来て、元気だったら自分が基調講演をしたかったなあと思っていたかもしれないと、山折先生の講演を聴きながら、米山さんの在りし日を偲んでおりました。

私が最後にお目にかかったのは一月二十八日です。そして、しばらくしましてから二月十四日に手紙が来ました。その手紙には次のように米山さんが書いているわけです。

「二月十四日からの再入院の予定を変えて十二日に決定、入院しました。栄養補給一週間の点滴を続けます。その如月《きさらぎ》の望月《もちづき》のころまでもつかどうかというところです」という、たいへん心細い便りがまいりました。

「如月の望月のころまでもつかどうかというところです」という、その言葉はご承知の西行法師の最後の歌ですが、「願はくは花の下《もと》にて春死なん」。その下の句に託しての便りをいただいて、たいへん心配しておりました。一月二十八日には「基調講演をしますよ」とまで言っていた米山さんから、にわかに状況が悪化したというお便りをいただいたわけです。

私が米山さんと親しくなったのは、もちろん京都大学にいたころなのですけれども、本日は文化人類学関係の先生方もおみえですが、「近衛ロンド」というのがありまして、私は「近衛ロンド」の会員ではありませんけれども、今西錦司先生から「一度、上田さんいらっしゃい」ということで「近衛ロンド」の会にまいりましたときに、米山さんとお目にかかったのが最初ではないかと思います。

そして、京都大学の今西先生のもと、京大の人文科学研究所の今西研究班のメンバーになるようにと、今西先生からお誘いを受けて、歴史学から私だけだったようですが、梅棹忠夫さんをはじめ、も

う お亡くなりになりましたが中尾佐助さん、今は体調をくずしておられる上山春平さん等々のメンバー、そのなかに米山さんもおられました。この今西研究班の会が私と米山さんが学問的につながりを持つようになった最初でした。いったいいつだったかなあと思って調べてみましたら、一九六七年四月のころでした。

有名な著作としては一九八五年の『文化人類学の考え方』。特に一九八九年の『小盆地宇宙と日本文化』、これは名著です。岩波書店から出版されました。それから一九九〇年の『アフリカ農耕民の世界観』。晩年の著作としては二〇〇二年の『私の比較文明論』など、いろいろございます。

米山さんは今西錦司先生のお弟子さんでもあり、兄弟子に梅棹忠夫さんがおられるわけです。私はその当時京都大学の教養部の歴史学教室に所属しておりました。米山さんが甲南大学の助教授だったのですが、梅棹さんの推薦で京大の文化人類学の助教授として候補者になられたわけです。

当時の京大教養部の教授会は選考委員を選ぶわけですが、その該当学科のものは二名しか選考委員になれないのです。学科だけで人事をやると、とかく派閥人事になる恐れがありますので、他の学科のものを三名選ぶ。

私の学問は文化人類学と直接関係はないのですけれども、柳田國男先生、とりわけ折口信夫先生のご指導を受けたりしておったことなどもあって、選考委員のメンバーの一人に選ばれました。

もう一人有力な候補者がおられて選考は長びきました。選考の会議が終わって家へ帰ってまいりますと、梅棹さんから電話がかかってくるわけです。「上田さん、今日の状況はどうですか」と。

何といいますか、梅棹スクールというか今西スクールというか、やっぱり学問の仲間の結束というのは非常に強いなあということを改めて実感しました。選考の状況をたいへん心配しておられたのですが、最終的には米山さんが選ばれまして、京都大学の初めての文化人類学の助教授として就任していただくことになりました。

今西先生や梅棹さんは京都大学に文化人類学の講座を何としてもつくりたいというお考えをお持ちになっていたことをあとで知りました。これはもう時効になっておりますから申しますが、米山さんの就任が決まったあとで今西錦司先生と梅棹さんが私をある料亭に招待されて。事前だったら具合が悪いですけれども、念のために申しますが教授会で決まったあとですよ（笑）。そこで今西錦司先生からのご丁重なお礼のごあいさつをいただいたことを想起します。

たいへん因縁が深くて、今度は教授のプロモーションがあるわけです。結局、私がその選考の委員長になって、教授会で米山さんが文化人類学の教授に適当であるという審査報告を私がいたしまして、教授になっていただくという、そういう因縁もありました。

したがって米山さんは私には頭が上がらないのですね（笑）。私もいろいろと頼みやすいようであって、実際は頼みにくいのです。何か私が恩に着せてものごとを頼むように米山さんが取るといけないので、なかなか頼みにくいのですが、それでもいろいろお願いしたこともあります。

私が京都大学を定年退官するころ、ちょうど米山さんは京都大学の評議員だったと思いますが、京都大学の退官記念の最終講義はもちろん教室が主宰するのですけれども、米山さんも評議員としてごあいさつをいただいた記憶がございます。

その後もいろいろな会でのつながりがあります。米山さんは京都大学を定年で退官されましてから大手前女子大、のちに女子は消えまして大手前大学になりましたが、その学長時代にも私にいろいろと相談してくるわけです。こちらは、こういうことを言ったら恩を着せるようになると思って遠慮しているのですが、米山さんは甘えているというか何かと相談してくるわけです。

たとえば、エビスの神の研究会をやりたいというわけなのです。西宮にはエビス神と関係の深い西宮神社がありますね。「先生、メンバーになってくれませんか」と。私は七福神の研究にもたいへん関心がありまして、それはいいですよと言って承知したのですが。

米山さんが大手前の学長をしておられたときにたる出版から『行基と渡来人文化』という本が出ているわけです。これは私の専門とも関係があるわけですが、その本のなかで米山さんが言われている言葉です。私も加わった座談会での米山さんの発言なのですが、

「新しく大手前大学に社会文化学部という四年制の新学部ができて、私が社会文化論という講義を受け持つことになったのですが、そのなかで大学（伊丹のキャンパス）で、大学のそばに流れている猪名川流域の研究をしようじゃないかと提案したわけです。テーマはそれこそ自然、歴史、文化、社会問題など何でもいい、自分たちの関心のあるテーマを選んで自分たちにしかできない調査を自分たちの足を使って論文にまとめてみようじゃないか」という提案を、その社会文化論の講義のなかで学生諸君に米山さんがするわけです。

そして「猪名川の周辺には古代の人々の暮らしが偲ばれる遺跡や神社仏閣も非常に多い。また古代朝鮮半島から海を渡って日本にやってきた渡来人たちの足跡もあちこちに残っている。それらを調査しているうちに学生たちも興味があって、奈良時代この地を中心にして日本の国に名をとどろかした高僧行基という人物に収斂することになったわけです」と言われているのですね。

学長として、また社会文化論の講義をする教師として米山さんが中心になられ、この会には辻一郎さんがたいへん協力しておられます。元毎日放送の報道局長で、のちに大手前大の教授になられた方ですが、放送部の学生諸君と一緒に猪名川流域の渡来文化の映像をおつくりになった。私も相談に乗りましたが。

こういう仕事も米山さんらしいお仕事で、米山さんはアフリカの現地調査にも行っておられますし、都市の人類学、例えば天神祭とか祇園祭とか、いろいろ学生諸君と一緒に調査をしておられる。

京都大学の人間・環境学研究科が出しております『人環フォーラム』という季刊の研究誌がありますが、その十四号には京都の三大祭りを取り上げたおり、葵祭は薗田稔さん、時代祭は私、祇園祭は米山さんという、この三人がそれぞれ執筆をしているわけですが、米山さんは都市の祭りについてもユニークな研究をしておられました。

そういうこともあって、この学会のプロローグになるわけですが、芳賀徹さん、冨士谷あつ子さんが中心で『京都学を学ぶ人のために』（世界思想社）という本をつくることになって、私にはその監修をせよということになったのですが、米山さんにも参加してもらおう。米山さんには祇園御霊会を書いてもらうといいじゃないかということで、この『京都学を学ぶ人のために』の祇園御霊会は米山さんが書かれています。そして、この本が母体になりまして、国際京都学協会ができて、その初代理事長に米山さんが就任されることになるわけです。

この渡来文化研究のメンバーには、東北大学の、いまは講師をしておられる、韓国の李仁子《リインジャ》さんも参加しておられた。米山さんのお弟子さんですが、そのおりの座談会に加わっておられます。

私の関係で申しますと、関西で一番早く生涯学習都市宣言をしたのは、私の住んでおります亀岡です。その生涯学習都市構想をまとめる座長を私がしたのですが、そのメンバーのなかにも、今度は私のほうからお願いして米山さんにもメンバーになっていただきました。そうしたご縁で、今日の「偲ぶ会」にも亀岡市長さんから花を贈っていただいております。亀岡の生涯学習財団の理事にも米山さんには就任していただいているわけです。

亀岡の生涯学習は、当時の市長の谷口義久さんが中心になられて、一九八八年の三月に関西ではじめて「生涯学習都市宣言」をし、市政の中核に生涯学習を置かれた。人口約十万人の都市なのですが、一九九八年になんと約二百億円で生涯学習センターをつくられたのです。

その「生涯学習都市構想」をまとめたのは私ですが、提案したのは二億円です。百倍ですね。仏つくって魂入れずということになるんじゃないかと思っておりましたら、もう年間五十万人を超える利用者があって、いまでは早く予約しないと会場が取れない状況です。この施設はガレリアかめおかといいます。

この生涯学習の亀岡には三大講座というシンボル講座がございます。一つが「コレージュ・ド・カメオカ」という講座です。そうそうたる先生方に講演に毎回来ていただいている。

第一回（一九八九年）はノーベル化学賞を受賞されたばかりの福井謙一先生に講演をお願いし、松本清張さん、大江健三郎さんほか日本を代表する方々に出講していただいて現在にいたっています。京大の総長には順番に、来ていただきました。西島安則先生、長尾真先生、井村裕夫先生にも来ていただきました。

この「コレージュ・ド・カメオカ」のネーミングは米山さんの提案です。ご承知のように一五三〇年にフランス王室が市民のために「コレージュ・ド・フランス」という講座を開いたのです。これは現在もつづいております。二〇〇一年の十月には「コレージュ・ド・フランス」で私も懇談したことがありますが、そのネーミングを提案したのは米山さんです。

ただし、米山さんは決して無駄にはしていない。小宇宙盆地論の構想には、京都や遠野だけではない、亀岡盆地もちゃんと視野に入れ、亀岡も彼のフィールドの一つになっているわけです。

米山さんという方はたいへん気さくな、そして気の優しい人で、嫌なことは嫌だとはっきり言えばいいのですが、なかなか断ることができないというところもある。しかし芯はなかなか強い方でした。社叢学会という学会では、今度福岡に支部ができましたから、関東、中部、それから関西、九州、北陸へというふうにひろがりつつあります。やがて沖縄にも支部ができるでしょう。会員が六五〇名ばかりおりますけれども、この学会の理事のひとりとして米山さんにもご協力いただきました。

二〇〇五年は愛知万博がありまして、愛知万博は地球博なのです。社業学会は地球の環境問題のためにも立ち上がったんじゃないか、出展しようということになりました。予定どおりやると八千万円いる。実は九千万円いったのです。

結局出展することになった。愛知万博においでになった方は、シンボルタワーが二本大きなのがあったのに気づかれたと思います。あの上には天空鎮守の森というのをつくったわけです。それから長久手のゲートへお入りになった左手に、樹木が植わっている千年の森、あれも社業学会がつくっているわけなのです。その寄付集めに私も苦労しました。

そうした愛知万博との関連もあって、第四回の二〇〇五年の総会は愛知県の一宮市で実施したのです。そして、フランスの社会科学院の教授ですが、オーギュスタン・ベルク先生にも来ていただいてシンポジウムをやりました。そのシンポジウムの最後の総括を米山さんにしてもらいました。

『社業学会研究』四号に掲載されていますが、その総括のなかで米山さんは率直に自分の考えを述べて、かなり長い総括をしておられるのですが、その一部だけを申します。

「上田正昭先生がご指摘になっていたことですけれども、いまの天皇の祖先の桓武天皇のお母さんは高野新笠《たかののにいがさ》といって、朝鮮出自の人です」と述べられています。これは私が一九六五年六月に、中央公論社から『帰化人』という本を出しまして指摘したことを指しています。当時は、「帰化人の遺跡」などと歴史学者や考古学者はみんな言っておったのですけれども。古代にもちゃんと法律がありまして、「大宝令」「養老令」にも「帰化」という用語があって、「帰化」というのは籍貫に付すと。籍というのは戸籍です。貫というのは本貫です。海外から来た人が本拠を定め戸籍に登録する。これを帰化の条件にしているわけです。

統一国家がない段階に帰化人がいるはずがないのです。弥生時代に朝鮮の遺跡ができた。すると帰化人の遺跡という。私どもの先輩はみなそのように言っていたわけですが、私は、これはおかしいんじゃないかとはっきりと書きました。

帰化した人を帰化人ということに反対しているわけでないのですが、帰化していない人を帰化人というのはおかしいんじゃないかということです。「帰化」という言葉の意味と「渡来」という言葉の意味をまず冒頭に書いたのです。

「渡来」という言葉は上田がつくった用語であるという人もいましたが、それは不勉強であって、『古事記』には「帰化」という用語はどこにもありません。すべて「渡来」です。『風土記』にも「帰化」という用語はどこにもない。すべて「渡来」です。あるいは「参渡来」、参り渡り来つ、あるいは渡り来つと書いているわけです。

「帰化」という用語を使っている古い例は『日本書紀』です。『日本書紀』は十二例使っています。中国からもいろいろな人が来ていますが、中国人には使っていないのです。朝鮮半島から渡ってきた人、あるいは屋久島からきた人、そういう人たちに使っているのです。

言うなら日本版中華思想の産物なのですが、そういうことから書き始めまして、東大寺大仏建立の立役者は日本名・国中公麻呂という人です。西暦六六〇年に百済から亡命してきた国骨富《こくこつぷ》という百済の人、そのお孫さんが日本名・国中公麻呂という人で、大仏建立の技術者の中心人物なのです。
現在の東大寺大仏は、ご承知のとおり元禄五年の三度目の造立でして、天平のものは蓮弁の毛彫り二葉だけです。国中公麻呂の作品として現在残っているのは三月堂（法華堂）の不空羂索観音です。あの国宝の不空羂索観音は紛れもなく国中公麻呂の作品として、こんにち私どもも見ることができる。そういうことも書きました。

そうして桓武天皇のお母さまは高野新笠という方であって、その祖先は紛れもなく百済武寧王の流れをくんでいると書いたことを、米山さんが触れられているわけです。

それをいまの天皇が、サッカーのワールドカップが二〇〇二年におこなわれましたが、その前年二〇〇一年の十二月の誕生日の前の記者会見で、「韓国と日本の皇室はたいへん深いゆかりがある」と。そして『続日本紀』には桓武天皇の母が百済の王族の出身であるということが書いてある」という有名な発言をされることになるわけですが、そのいわれについても詳しく書いたわけです。

「桓武天皇のお母さんは高野新笠といって朝鮮から来た人です。というような話をみんながだんだん知っていく必要があります。それを知っていくことによって日本の国の体質が変わっていくと思うのです。サッカーに勝ったから『日本、日本』とうれしがっているナショナリズムはまだいいけれども、いわゆるウルトラナショナリズムといいますか、ああいうふうな風潮が広がるということは、私など平和な日本で生きていて、それがあたりまえだと思っている人間にとっては非常に恐ろしい感じがするわけです。このあたりを何とか克服していく。そのためにも鎮守の森、神社というものの尊さというものが意味を持つのではないかと思います」という言葉で、総括を締めくくっておられました。

この総括にはもっときびしい言葉もあるのですが、差し障りがありますので、それは省略します。

私がたいへん信頼し心の友としておりました米山さんが残念ながら亡くなってしまったわけですけれども、国際京都学協会の顧問もしておりますが、承りますと「国際」というネーミングを付ける必要があるということを強く米山さんは言われたようです。

学会というよりは協会というようにして幅広く、学者だけではなくて多くの京都学に関心のあるみなさんに参加していただいて、国際的視野から取り組もうと米山さんが提起されました。みなさんとともにご冥福を祈り、その米山さんの志を受け継いでまいりたいと存じます。

追悼　岡部伊都子

「売ったらあかん」——志を売らず、まことの美を求めて

日常生活の中から、たえずまことの美を探究し、常に人間いかに生くべきかをみずからに問いつづけてきた岡部伊都子さんは、おのれにきびしく、人にやさしい求真の女人であった。

岡部さんの詩に「売ったらあかん」がある。服部公一さんの作曲の歌にもなっている。いわゆる文筆家ではない。志を売らずに、最後まで、人間のくらしに根づく、まことの美を追い求めて生きた思想家であった。

七年ばかり前から体調をくずしておられたが、二〇〇八年の三月六日の誕生日に妻がおたずねしたおりには、お元気だったと聞いて安堵していた。だが四月二十九日の未明、ついにあの世へ旅立たれた。痛恨のきわみである。

四月二十九日は私の誕生日だが、終生忘れることのないご命日となった。岡部さんが神戸から京都

の鳴滝に転居されたのは、「年譜」(『美を求める心』講談社文芸文庫)によると、一九六四年の十月だが、同年の春に、NHKのテレビ(「女性手帳」)で奈良の歴史と文化について語りあったそのおりから、志を同じうする仲間としてのまじわりをつづけてきた。思えば四四年に及ぶ交友であった。

たびたび亀岡の拙宅へもおみえになった。わが家で可憐な雪割草をみつけられたのがきっかけで、岡部さんの誕生日には、おりおりに妻が雪割草をお届けしていた。家族ぐるみのおつきあいであった。

私家版『紅しぼり』が出版されたのが、一九五一年の一月。一九五四年の七月から朝日放送のラジオで始まった「四百字の言葉」は、五六年に『おむすびの味』『続おむすびの味』として、あいついで刊行された。すぐれた随筆家岡部伊都子が誕生する。

『いとはんさいなら』『蠟涙』をはじめとする鋭い感覚と感性豊かな見識が、多くの人びとの胸にこだました。

『美の巡礼』をつづけ、『観光バスの行かない……埋もれた古寺』『古都ひとり』など、そのまことの『美を求める心』が、読者の感銘をうながして好評であった。岡部さんはたんなる美の巡礼者ではなかった。

沖縄戦で斃《たお》れた婚約者の足跡をたずねた『二十七度線』や『沖縄からの出発』にも反映されているように、沖縄に照らされての加害者としての反省と自覚が、搖るぐことのない反戦平和への熱いまなざしとなった。有力出版社の圧力にも屈することなく、筆をまげぬ凛とした女人岡部伊都子の魂が、傷心の人びとや無力感にただよう人びとを勇気づけた。

そして平和のあかしが人権の確立にあることにめざめた岡部伊都子さんは、被差別部落の『水平へのあこがれ』や在日の人びとの差別と辛苦に想いを重ねての『朝鮮母像』へとひろがっていった。「年譜」の一九六五年九月には「上田正昭著『帰化人』（中公新書）により、皇国史観に歪められない朝鮮半島と日本の歴史の真実を意識」と記され、一九六七年四月の頭に「上田正昭編『日本歴史シリーズ』二の『飛鳥と奈良』（世界文化社）に『光明皇后』を執筆」と述べられている。『あこがれの原初』は、古代史へのひと一倍の関心となった。

一九六九年の三月に創刊された季刊雑誌『日本のなかの朝鮮文化』は、鄭詔文さんや金達壽さんらの発起で具体化し、司馬遼太郎さんと私は、その顧問として参画した。季刊のこの雑誌は五十号までつづいたが、毎号の座談会は好評で、のちに中央公論社から『古代日本と朝鮮』ほか四冊にまとめられた。岡部さんには第三号から有力メンバーとして参加していただいた。

一九七三年の二月十四日、中央公論社ホールで開催された「雑誌『日本のなかの朝鮮文化』を励ます会」の席上、竹内好さんが、「私はあの雑誌を、初めは趣味雑誌かと思いまして、道楽でやっているのかと思いましたが、だんだんそうではなくて、これは日本でいちばん革命的な雑誌であると思うようになりました」と語られたのが、きわめて印象的であった。

血と汗のにじむ苦労のなかで、民族の美に覚醒した鄭詔文さんは、朝鮮の美術品や民芸品の蒐集につとめて、高麗美術館を設立したいと念願されていた。鄭詔文さん・岡部伊都子さんと共に、どこに建設するのかで、洛北・洛西をたずね歩いた日々を懐しく回想する。結局は自宅を改装しての高麗美術館がオープンしたのは、一九九八年の十月二十五日であった。開館以来理事のひとりとしてこよなく高麗美術館を愛し、最後まで助言を惜しまれなかった。

その著作は一三〇冊を数える。日々のくらしのなかで、『心のふしぎをみつめて』生きられた岡部伊都子さんは、生活者の思想を具現化した、たぐいまれな思想家であった。肉体は滅びても、その著作に生きる魂は消えない。

人間の祖流

「人間いかに生くべきか」。たえず人間と自然のまことの美をみつめ、人間が人間らしく生きるこころのありようを求めつづけられた岡部伊都子さんが、ついに他界された。

岡部さんが神戸から住まいを京都の鳴滝に移されたのは一九六四年の十月である。それから北白川、そして賀茂川のほとりの出雲路へと、あこがれの京都を終生のくらしの場とされた。古くてしかも常に創生をめざしてきた伝統のまち、千年の都にふさわしい女人であった。

『日本のなかの朝鮮文化』を出した朝鮮文化社では毎年春の花見や秋の紅葉狩りの有志の集いがあった。多忙の司馬さんも必ず加わり、岡部さんも毎回出席された。秋の集いのおりに、金時鐘《キムシジョン》さんのシナリオで、坂の上の雲助（司馬遼太郎）・さすらいのお伊都《いつ》（岡部伊都子）・帰化人の政《まさ》（私）などの役割で、にわか芝居にまきこまれたこともあった。

おのれにきびしく人に優しい岡部さんは、『紅しぼり』につづく、一九五四年の七月から朝日放送のラジオで始まった「四百字の言葉」をまとめられた『おむすびの味』・『続おむすびの味』（創元社、一九五六年）、その後の二年間の放送原稿を前提とする『蠟涙』・『言葉のぷれぜんと』によって、鋭い感性と豊かな見識にもとづく随筆家として、注目されるようになる。

『観光バスの行かない……』・『古都ひとり』・『美を求める心』など、あいつぐ著作が人びとのこころにこだました。沖縄戦で戦死された婚約者の跡をたずねて『二十七度線』や『沖縄からの出発』にも反映されている、反戦平和への熱い想いは、朝鮮文化社とのであいのなかで、『朝鮮母像』へとひろがっていった。一九八八年の十月二十五日にオープンした高麗美術館には、理事として最後まで協力を惜しまれなかった。

高麗美術館十周年のおりには、岡部さんと記念の対談をしたが（『高麗美術館館報』第四十号）、「この美術館の命は巨大なものになりますね」と期待されていたことを改めて想起する。岡部さんは「人間の祖流」としての高麗美術館を‼　といわれたが、そのことばの本質をめざしたい。

あとがき

すぐれた先輩、友人があいついでこの世を去った。それぞれの出会いとまじわりのなかから学んできたことは、数えきれないくらいに多い。私自身が二〇〇九年の四月二十九日で満八十二歳を迎えたが、いまさらのように先立った人びととの交遊がありがたく、懐しさがこみあげて胸いっぱいになる。

二〇〇八年の十二月、角川源義賞式典後のパーティで、藤原書店の代表である藤原良雄さんとお目にかかった。そのおりに、私が新聞や雑誌などに書きとどめてきた論文・エッセイ・講演などをまとめてみないかとのおすすめをうけた。「歴史と人間の再発見」というテーマでまとめたいと想っていたおりでもあって、そのお言葉に甘えることにした。

一九五〇年の三月に京都大学文学部を卒業して以来、一貫してアジアとりわけ東アジアのなかの日本の歴史と文化を中心に研究を積み重ねてきた。その歩みについては、満八十歳のおりに、求めに応じて執筆した「日本人とは何か、日本文化とは何か——研究史六十年をかえりみる」(大阪商業大学『地域比較研究所紀要』第十号)に詳述したが、その初期の仕事で忘れがたいのは、一九六〇年の六月の『帰化人』(中公新書)である。

「帰化」と「渡来」とがどう違うのか、「古代法」にそくしてその本質を論究し、あわせてあしき「帰化人史観」の打破と克服をめざして、いかに朝鮮半島から渡来してきた人びととその子孫が、日本の歴史と文化の発展に大きく寄与してきたかを、史実にもとづいて考察した。たとえば天平勝宝四（七五二）年の四月、東大寺大仏の開眼供養会が盛大に挙行されたが、その見事な高さ五丈三尺五寸の毘盧舎那《びるしゃな》大仏（座像）を鋳造した現場のリーダーの大仏師国中公麻呂《くになかのきみまろ》は、在日の三世であり、延暦三（七八四）年に平城京から長岡京へ、そして延暦十三年長岡京から平安京へと都を遷した開明派の三都のみかど――桓武天皇の母（高野新笠）が、百済《くだら》の武寧王《ぶねいおう》の血脈につながる人物であったことを指摘したのも、その著書においてであった。

私が被差別部落の問題の重要性を肌で実感し、在日のみなさんの問題が日本人みずからの問題につながることを教育の場で認識したのは、本書に収めた「一九四九年の春」のとおり、京都大学の三回生のおりと、翌年の京都府立鴨沂高校三年十一組のクラス担任となった時からであった。

爾来部落問題及び在日の問題に微力ながら歴史研究者のひとりとしてたずさわってきたが、この『歴史と人間の再発見』所収の論考にも、その軌跡が反映されている。朝鮮半島の歴史と文化と日本列島の史脈には、まさに「一衣帯水」の密接なかかわりがある。

なお読みかえしてみると、エッセイや講演内容のなかには重複しているところもかなりあるが、それぞれの時点におけるわが想いを率直に語っているので、あえてそのままにした。お許しいただきたい。

二十世紀は人権が受難した世紀であった。二十一世紀は人権文化が輝く世紀であってほしいと心から念願しているが、人権文化 culture of human rights という用語が、ひろく使われるようになったのは、一九九四年十二月の第四九回国連総会からであった。「人権教育のための国連十年」を決議し、その「行動計画」で高らかに「人権文化」の普遍性が強調された。その定義はまちまちだが、私は「人間の幸せを自然と共に構築する、その行動とみのり」が「人権文化」であるとうけとめている。人権文化が輝く新世紀実現へのプロセスに、この書が多少なりとも寄与するところがあれば幸いである。

上田正昭

二〇〇九年六月吉日

初出一覧

I　平城京と平安京・京都

平城遷都千三百年の意義　『産経新聞』二〇〇九年一月十五日（原題「平城遷都千三百年祭」）

正倉院展の軌跡　『読売新聞』二〇〇八年十月三十日（原題「正倉院に息づく雅楽――第六〇回展　宝物に日本文化再発見」）

日本のなかの東近江　『蒲生野』第三八号、八日市郷土文化研究会、二〇〇六年十二月

平安京・京都そしてカモ　『地名探究』第二号、京都地名研究会、二〇〇四年三月

『源氏物語』と平安京　『源氏物語と平安京』京都アスニー、二〇〇八年十一月

急々如律令　『上方芸能』第一一〇号、一九九二年二月

ふたりの町人学者　『京都学校物語』京都通信社、二〇〇六年二月

II　日本と朝鮮半島

日朝関係史の問題点　『日本と朝鮮の関係史』アジェンダ・プロジェクト、日朝友好促進京都婦人会議、二〇〇四年十月

日朝文化の異相　『柳田学の地平』岩田書院、二〇〇三年十一月（原題「王権と神話――日韓文化の異相をめぐって」）

朝鮮通信使に学ぶ　『学士会会報』第八七二号、二〇〇八年（原題「日韓の善隣友好をめざして――朝鮮

通信使に学ぶ」）
松雲大師の存在と役割　『朝鮮通信使四〇〇年記念国際シンポジウム論文集』四溟堂紀念事業会、二〇〇七年九月（原題「日韓関係史における松雲大師と朝鮮通信使」）
朝鮮通信使と雨森芳洲　『高麗美術館館報』第七三号、二〇〇七年一月
日本の国際化と在日コリアン文化　『在日コリアン文化と日本の国際化』新幹社、二〇〇五年五月（原題「日本の国際化と在日韓国・朝鮮人文化の持つ意味」）

Ⅲ　ふるさとと人権
アジアのなかの日本再発見　『機』第一三四号、藤原書店、二〇〇三年二月
民際交流で見えた日本　『朝日新聞』二〇〇四年七月三十日
命が輝く行政　『都市監査事務研会録』二〇〇八年十一月
一九四九年の春　『出会い』解放出版社、一九九一年三月
「郷土同じからず」　『ふるさと』こころの家族、二〇〇九年四月
ふるさとと創生　『わが青春の記』但馬文化協会、二〇〇〇年八月（原題「ふるさとはありがたきかな」）
いま、部落解放運動の課題を考える　『ヒューマンライツ』第二四二号、部落解放研究所、二〇〇八年五月

Ⅳ　わが師友 (一)
清張古代史　『松本清張研究』第六号、北九州市立松本清張記念館、二〇〇五年三月（原題「松本清張の古代史研究」）
清張追想　『松本清張研究』第五号、二〇〇四年三月

歴史と文学　『遼』第二二号、司馬遼太郎記念館会誌、二〇〇六年十一月（原題「司馬遼太郎さんの歴史観」）

司馬遼太郎と朝鮮　『日本文化へのまなざし——司馬遼太郎記念講演会より』河出書房新社、二〇〇四年一月（原題「古代日本と朝鮮」）

記号化と相対化　『遼』第一〇号、二〇〇四年一月

先憂後楽のおおやけばら　『文藝春秋』臨時増刊号、第八〇巻二号、二〇〇四年二月

V　わが師友 (二)

卒寿頌祝　『東アジアの古代文化』第九〇号、一九九七年二月（原題「歴史家　江上波夫」）

騎馬民族征服王朝説　江上波夫編『日本民族の源流』解説、講談社学術文庫、一九九五年一月

文化人類学者　米山俊直　『国際京都学だより』追悼号、二〇〇六年五月（原題「米山俊直さんと私」）

「売ったらあかん」　『環』第三四号、藤原書店、二〇〇八年七月

人間の祖流　『高麗美術館館報』第七九号、二〇〇八年七月

著者紹介

上田正昭（うえだ・まさあき）

1927年兵庫県生。日本史学者。専門は古代史、神話学。世界人権研究センター理事長、高麗美術館館長。1950年京都大学文学部史学科卒業。1963年京都大学助教授、71年教授。大阪文化賞、福岡アジア文化賞、南方熊楠賞、京都府文化特別功労者、京都市特別功労者。

主な著書に『帰化人――古代国家の成立をめぐって』（中央公論社、1965年）『大和朝廷』（角川新書、1967年。その後講談社学術文庫）。『日本神話』（岩波書店、1970年）で毎日出版文化賞受賞。その他、『上田正昭著作集』（全8巻、角川書店、1998-99年）など著書多数。

歴史《れきし》と人間《にんげん》の再発見《さいはつけん》

2009年9月30日　初版第1刷発行©

著　者　上田正昭

発行者　藤原良雄

発行所　株式会社 藤原書店

〒162-0041　東京都新宿区早稲田鶴巻町523番地

電　話　03(5272)0301

FAX　03(5272)0450

振　替　00160-4-17013

印刷・製本　中央精版印刷

落丁本・乱丁本はお取替えいたします　Printed in Japan

定価はカバーに表示してあります　ISBN978-4-89434-696-3

「在日」はなぜ生まれたのか

歴史のなかの「在日」

藤原書店編集部編

上田正昭＋杉原達＋姜尚中＋朴一／金時鐘＋尹健次／金石範 ほか

「在日」百年を迎える今、二千年に亘る朝鮮半島と日本の関係、そして東アジア全体の歴史の中にその百年の歴史を位置づけ、「在日」の意味を東アジアの過去・現在・未来を問う中で捉え直す。

四六上製　四五六頁　三〇〇〇円

（二〇〇五年三月刊）

◇978-4-89434-438-9

母なる朝鮮

朝鮮母像

岡部伊都子

日本人の侵略と差別を深く悲しみ、日本の美術・文芸に母なる朝鮮を見出す、約半世紀の随筆を集める。

［座談会］井上秀雄・上田正昭・岡部伊都子・林屋辰三郎

［題字］岡本光平　［跋］朴菖熙

［カバー画］赤松麟作

［扉画］玄順恵

四六上製　二四〇頁　二〇〇〇円

（二〇〇四年五月刊）

◇978-4-89434-390-0

激動する朝鮮半島の真実

朝鮮半島を見る眼

〔「親日と反日」「親米と反米」の構図〕

朴一

対米従属を続ける日本をよそに、変化する朝鮮半島。日本のメディアでは捉えられない、この変化が持つ意味とは何か。国家のはざまに生きる「在日」の立場から、隣国間の不毛な対立に終止符を打つ！

四六上製　三〇四頁　二八〇〇円

（二〇〇五年一一月刊）

◇978-4-89434-482-2

失われゆく「朝鮮」に殉教した詩人

空と風と星の詩人　尹《ユン》東《ドン》柱《ジュ》評伝

宋友恵　愛沢革訳

一九四五年二月一六日、福岡刑務所で（おそらく人体実験によって）二十七歳の若さで獄死した朝鮮人・学徒詩人、尹東柱。日本植民地支配下、失われゆく「朝鮮」に毅然として殉教し、死後、奇跡的に遺された手稿によって、その存在自体が朝鮮民族の「詩」となった詩人の生涯。

四六上製　六〇八頁　六五〇〇円

（二〇〇九年二月刊）

◇978-4-89434-671-0